A Milagros y Lorena. Por su capacidad de estar, vivir y dar vida, y por acompañarme siempre

A las comunidades kikamba de Machakos

A mis padres, Ana Mari y Miguel. A mis hermanos, Miguel, Isa, Sabrina y Judit. Caminamos juntos

A la familia que trasciende a la sangre. Gracias a Javi Huertas, Esther, Mateo y Lucía. A Judith Morales. Siempre cerca

A mis alumnas y alumnos, Les debo todo

Gracias a Yanisse Diedhiou y A Jorge Hernández Villena por mostrar que las diferencias son una fuente de grandeza y que la amistad es más fuerte que las distancias personales o dentitarias.

Contenido

Resumen

Los kamba suponen uno de los colectivos más extendidos en Kenia, teniendo en cuenta las controversias que puede generar la terminología de grupo étnico, o el término de más frecuente uso, esto es, *tribu*. Uno de los aspectos más significativos que caracterizan a los kamba de la región rural del interior del condado de Machakos es que a la persona al nacer se le otorga un nombre tradicional relacionado con el momento del día en el que nace, el tiempo atmosférico o cualquier otra circunstancia relevante que implique la gestación o el parto. Este hecho proyecta, en cierta medida, un modo de relación y un rol de la persona enel contexto del parentesco y social. Otorgar un nombre crea una vinculación con la personaque lo lleva a cabo. Al mismo tiempo, se establece un papel en la comunidad y el clan.

Mediante el trabajo de campo, y la recogida de materiales (entrevistas, observación, anotaciones) se pretende elaborar un artículo que dé a conocer estos elementos, que muestran por un lado, el intento de definición de este colectivo, y por otro, su dinamismo en confrontación con otros grupos y con los inevitables procesos de aculturación

1. Introducción

A lo largo de tres periodos, distanciados entre sí, y con un total de seis meses, realicé una experiencia de voluntariado en Mwuala, condado de Machakos, en Kenia. Éstasse constituyeron en parte como una sucesión de campañas etnográficas que se desarrollaron en el contexto de un proyecto de desarrollo financiado en una parte por del CMLI de la Universidad de Granada, al menos, en una primera fase. Debido a la vocación de investigación en antropología , la convivencia con la comunidad *kamba* rural de la región se convirtió en un inesperado ejercicio de inmersión cultural que, como consecuencia, se repitió en dos ocasiones. A las tareas propias del proyecto de alfabetización que se llevaba para la infancia del lugar se unió el diseño de un análisis, a priori general, desde una observación participante, y particular, tras indagar en aquellas cuestiones que más curiosidad e interés suscitaron.

Aunque había desarrollado distintas etnografías, fundamentándome para ello en el trabajo de campo en áreas rurales, el reto que se presentaba ante mí suponía un desafío de dimensiones más amplias. Por un lado, me situaba ante un contexto que divergía sobremanera de lo conocido previamente. Por otro lado, el tiempo que iba a convivir con las familias pertenecientes al grupo étnico que refería previamente era limitado e inferior a las anteriores experiencias. De igual forma, el ángulo de separación cultural entre el observador y el grupo observado se mostraba profundamente abierto, cargado de distancias y desconocimiento. La construcción de la *otredad* se mostraba cargada de amplias dificultades, comenzando por la lengua. De por sí, las lenguas bantúes resultan distantes y dificultosas para quienes no estamos familiarizados con ellas. Además, aunque el inglés se presume como una de las lenguas oficiales de Kenia, el conocimiento de ésta por parte de la población rural es limitado. Esto se incrementaba aún más en el caso de las mujeres y los/las menores. Como consecuencia, la información obtenida tuvo que ser sometida a decodificaciones múltiples y concéntricas que contribuyeron a su resultado final.

En referencia a los objetivos que nos hemos propuesto para la presente investigación, hemos establecido los que se exponen a continuación.

1.1. Objetivos generales

- Analizar los modos de vida, relación y comprensión de la realidad por parte de los miembros de una comunidad especifica *kamba* de la zona rural de Machakos, Kenia.
- Relacionar las estructuras de parentesco y los modos de relación en función de los nombres tradicionales que se otorgan a los kamba al nacer.

Hemos de tener en consideración que el nombre que reciben los miembros de la comunidad a la que pertenecen, relacionados con la cotidianidad, se hallan directamente relacionados con la cosmovisión de esta comunidad étnica. De igual modo, se constituyen en referente a la hora de relacionarse con el resto de parientes, la comunidad y el clan. Asimismo, se comprende desde la familia la identificación del nombre tradicional adquirido con la esencia identitaria, su rol, cualidades e incluso presunto destino.

1.1. Objetivos específicos

Comprender cómo se constituyen, entienden y ejercen tradicionalmente los modelos parentesco y relación en la comunidad kamba de la región de Machakos. Para ello, se torna en una prioridad el análisis de los nombres en kikamba que se otorgan en el nacimiento y si se establece o crean relación a través de la persona que lo otorga.

En referencia a los objetivos metodológicos específicos, teniendo en consideración la validez del documento etnográfico y de la investigación cualitativa en sí misma, pretendemos

Establecer la validez de los registros instrumentales etnográficos (grabaciones, cuadernos de campo, material fotográfico y videográfico) como documentos etnográficos de validez tanto emicista como eticista. La valía científica de la narrativa, en un contexto en el que la investigación parece sólo ceñirse a criterios cuantitativos y estadísticos, se muestra como un reto. El análisis hermenéutico se constituye en una herramienta de gran valor. Ésta no se ciñe con exclusividad al ámbito de la antropología, sino que cada vez se extrapola a un mayor número de áreas de conocimiento. Los datos etnográficos aportan una visión diferente y, al mismo tiempo, única, de las realidades a las que se aproxima el científico. Debemos, así, hacer referencia a dos niveles. De un lado, el concerniente a la etnografía propiamente dicha. En éste, se proyectarían de una forma máso menos evidente, las vivencias que los actores (etnógrafos) han vivenciado. De otro lado, el etnógrafo llevaría a término una hermenéutica, esto es, una interpretación de la misma realidad a la que se enfrenta o en la que se inmiscuye. Por ello, debe intentar plasmar una representación de lo que analiza desde una estrecha distancia con el contexto con el que se relaciona para proceder a su interpretación. El ángulo que existe entre la interpretación y la *realidad* (con lo problemático en sí que resulta este término) se encuentra incrementado por los filtros de la metodología, los prejuicios por parte del etnógrafo; y, en parte, por las metodologías que se ciñen a cánones dogmáticos que interpretan los colectivos como estructuras culturales estancas, cerradas, herméticas y estáticas.

Para lograr los objetivos, tratamos de establecer una metodología diversificada, desde distintos enfoques que contribuyeran a una aproximación desde distintas perspectivas e instrumentos. Por ello, diseñamos una metodología que puede ser tildada de *multiétnica*, fundamentada en el uso enfoques interdisciplinarios y de diversas técnicas querecuerdan, en parte, las metodologías de las investigaciones clásicas de la antropología másclásica. Pero no nos ceñimos en exclusiva a esa perspectiva cualitativo-reflexiva. Si bien partí, en el proceso de construcción de la etnografía, de un punto de partida básico (¿qué eskamba?), no se podía ocultar un reduccionismo inicial profundamente lastrado por el esencialismo. La formación inicial en esta dirección, así como el afán de subsumir una realidad tan amplia a una unidad conceptual y reduccionista me condujeron a un anclaje en planteamientos que, todavía hoy, me acompañan en mis intentos por acercarme a un trabajo de campo. No se puede negar que el esencialismo contribuye a acercarnos sin problematizar en exceso a la percibida como *otredad*. De igual forma, permite indagar en determinadas categorías que contribuyen a comprender una estructura cultural a modo de un corpus de nomas, creencias, vivencias y valores. Esto no deja de ser una falacia, promovida por el afán de reducir a la propia visión del etnógrafo. Y ello sin tener en cuentala diversidad, amplitud y dinamismo de un pueblo. No podemos dejar de lado que la tradición no deja de ser "la invención de la tradición" (Celigueta, Orobitg y Pitarch, 2014, p. 142). De fondo, se puede perderse de vista la intencionalidad intrínseca, carente de intencionalidad banal, expresada por Díaz de Rada (1996), que pone en relieve que elaborar una etnografía conlleva "entre otras cosas, en el alcanzar una comprensión lo más detallada posible de las preguntas que parecen formularse una y otra vez los propios protagonistas de la vida social" (p. 36). Observar y participar de las costumbres, creenciasy tradiciones, desde esa perspectiva, retrata elementos parciales de una identidad en constante proceso de cambio, de transformación y de cierne. A pesar de que "la búsqueda de la totalidad, el holismo, es una de las intenciones básicas de la investigación etnográfica" (Díaz de Rada, 2003, p. 237), no pretendemos, en este caso caminar hacia un "holismo etnográfico" que trate de "formular enunciados de universalidad ilimitada sino representar los diferentes elementos culturales mediante el establecimiento de relaciones sistemáticas entre ellos" (Molina, Tomé y Valencia, 2009, p. 25). La etnicidad, como sabemos, presenta un "carácter problemático" (Pérez Ruiz, 2007, p. 35), que se subraya en la cualidad de ser "polisémico" y con las “limitaciones de las definiciones extremas primordialistas” que inciden en “la necesidad de revisar el sentido de lo étnico” (Ruiz, 2007, p. 36).

Tal y como trataremos de demostrar a lo largo del presente trabajo, los objetivos que se han establecido se orientan al análisis, comprensión y descripción del contexto de vida, relación y valores cotidianos del pueblo kamba en esta zona rural del condado de Machakos, donde los factores contextuales condicionan la preservación de determinadas estructuras que parecen haber pervivido de una manera directa o por medio de la plasticidad cultural que distintos mecanismos han permitido la adaptabilidad.

A pesar de que en la intencionalidad inherente a los objetivos del presente trabajo no se encuentra una orientación del análisis para la acción, resulta necesaria la comprensión en sí misma del contexto, así como de las intervenciones que se han llevado acabo desde las instituciones internas y las organizaciones externas. Entre estas últimas, las relacionadas con los proyectos de desarrollo que se llevaron a cabo por parte del investigador a través de los organismos sociales que concedieron las ayudas a desarrollo (CICODE de la Universidad de Granada). El contexto de inducción al desarrollo local de los agentes exógenos contribuirá a alcanzar una comprensión del contexto a nivel local y las repercusiones que estas circunstancias ejercen en la vida cotidiana, costumbres, tradiciones y cosmovisión de las comunidades.

Aunque es, a todas luces, extremadamente complejo realizar un análisis sin ceñirnos a un esencialismo tópico y, al mismo tiempo, sin caer en una pretensión de realizar un análisis que no contribuya a formular una proyección que formule características realistas y cercanas a objeto etnográfico al que tratamos de acercarnos. Por tanto, aunque en el trayecto de las tres campañas etnográficas que se llevaron a cabo se trató de forma directa de contribuir al fortalecimiento y desarrollo de la comunidad kamba de esta zona, el fin último de esta investigación se funda en el intento de proceder a un conocimiento sistemático de un contexto que sólo es particular; si bien, algunos de sus aspectos pueden permitirnos conocer elementos esenciales de la población kenyana que se identifica como kamba, sin afán de reduccionismos o extrapolaciones utópicas que recuerden a las etnografías de otras épocas. Aunque siendo conscientes, en todo momento, de las limitaciones del trabajo y los tres condicionantes básicos que pueden contribuir a dificultar el análisis: la limitación temporal (tres campañas etnográficas distancias y que en total sólo suponen siete meses); el acotamiento espacial (sólo conviví, generalmente, en una pequeña comunidad de Mwuala, Machakos, con alrededor de 145 habitantes); y la combinación de trabajo de campo con los proyectos de desarrollo. No se pretendía una antropología práctica. Pero sí se obtuvieron elementos para posibles intervenciones futuras que contribuyan a elaborar planes de acción que no intervengan en las estructuras socialesy formas de vida de la comunidad de referencia.

1.2. Procedimiento

Se ha procedido a la aplicación de una metodología *multiétnica,* que ha constado de diferentes herramientas, instrumentos y procedimientos. En primer lugar, se ha recurrido a un intensivo análisis bibliográfico-documental. Tras una búsqueda bibliográfica, una selección de documentos y un análisis de éstos, se seleccionaron los conceptos básicos que servirían de sustento teórico al trabajo que se pretendía realizar. De igual modo, y en combinación con el procedimiento anterior, se recopiló en el primero de los periodos de estancia en Machakos material estadístico procedente de la municipalidad de la ciudad capital del condado. También se recogió material fotográfico, videográfico, así como planos que contribuyeron a una contextualización más precisa. Todo ello se combinó con los datos que se obtuvieron en el trabajo de campo y que fueron recogidos en las propias reflexiones e impresiones que se proyectaron en los diarios de campo y en las entrevistas. La mayor parte de éstas fueron grabadas con el consentimiento de los informantes. Sistematizar todos estos materiales se convirtió en una ingente tarea. Pero supuso el punto de partida para la estructuración de los principales conceptos teóricos que sirvieron de sustento para la elaboración de este trabajo de investigación. Así, además de la perspectiva que explicamos en el punto 2, en referencia al enfoque, tomamos en consideración distintos autores procedentes de disciplinas afines a la antropología; en especial, de la historia, la sociología e incluso el pensamiento filosófico. Esto se debe tal y como mencionamos previamente., a ese carácter dinámico del objeto etnográfico de estudio, en constante proceso de cierne y de construcción. No se puede perder de vista que nuestra inclinación metodológica requiere de una aproximación que responda a las expectativas que se pretenden, y que sólo permiten un acercamiento parcial a las representaciones sociales, creencias, prácticas, formas de organización y cosmovisión del pueblo kamba de esta zona rural de Machakos. La aprehensión de estos principios sólo puede concebirse desde el reconocimiento de la parcialidad. La transformación de las estructuras de significado, simbolismo y los discursos que se generan requieren de una aproximación metodológica que otorga valor y flexibilidad al uso de los diarios, el análisis de las entrevistas y la configuración de un mapa de actores intervinientes en los procedimientos de análisis etnográficos. Por ello, se pensó en tener como referente fundamental y capitalizar todo el trabajo de campo que se había realizado con anterioridad para recoger, tras el último periodo, las conclusiones más significativas, estructuradas y ortodoxas. La adaptación de los discursos elaborados a las situaciones propias conlleva, a menudo, una perspectiva parcial y alejada de la objetividad que toda investigación puede pretender a priori.

En un momento inicial, se proyectó esta investigación en base a una triangulación de la información que, siguiendo los principios básicos de la investigación cualitativa, contrastara la información del trabajo de campo con datos que se obtuvieran a posteriori por medio de herramientas telemáticas. No obstante, esta idea se descartó por varios motivos. El primero de ellos, la posibilidad de regresar al mismo contexto de análisis un año después del primer periodo de contacto. En segundo lugar, una vez que se conoció el contexto específico de las zonas rurales de Kenia a las que tuvimos acceso, se constató la falta de infraestructuras básicas que permitieran las acciones planificadas. No se puede perder de vista que esta región se caracteriza no sólo por la dispersión de población y las dificultades de acceso a los servicios básicos. También se caracteriza por la ausencia de electricidad en la mayoría de los hogares y por las dificultades de acceder a la conexión a internet. Aunque el uso de dispositivos móviles ha incrementado sobremanera en los últimos años, la era de la conectividad y la ubicuidad no se pueden considerar como una delas características de estas comunidades. La potabilización de agua, la nutrición básica, el acceso a la sanidad elemental y la educación obligatoria son las prioridades en un contexto en el que el desarrollo humano se halla ralentizado por un gran número de factores. En tercer lugar, y directamente relacionado con lo anterior, se debe destacar que, si bien se garantizó que se pudieran conectar algunos miembros relevantes de la comunidad de Mwuala para entrevistas abiertas y grupos de discusión, esto no garantizaba la participación de voces significativas para nuestro trabajo de campo. Las personas ancianas y las niñas/niños, fundamentales para la comprensión de las estructuras familiares, en relación con los nombres que se adquieren al nacer, hubieran tenido una escasa o nula participación. Por último, se ha de subrayar otra característica significativa que supone una limitación a la hora de la recogida, análisis e interpretación de datos: la lengua. Aunque se presupone que Kenia tiene como una de sus lenguas oficiales el inglés, la competencia lingüística de los habitantes de la región que nos ocupa es limitada, en especial, entre las/los menores de seis años, las mujeres y las ancianas/os. Esto supuso una dificultad de magnitud, si bien, se pudo contar con la ayuda de dos mediadores que dominaban tanto inglés como swahili[1] y kikamba. Éstos intervinieron en casos concretos, procediéndose, en la mayoría de las situaciones, al dialogo y la interacción directos. En este sentido, tenemos en consideración, de antemano, las dificultades que Cruces

(1994; 2003) pone en relieve en relación a la traducción, interpretación interlingüística y de datos en lo que hay que proceder a una adecuación de lenguas. No cabe duda que hay una pérdida de ciertos contenidos o matices en este procedimiento, si bien, no podemos restarle valor a los resultados obtenidos y a la valía que éstos otorgan a la comunidad científica.

Por estos factores descritos, se vio la relevancia de fundamentar la investigación casi en exclusiva en los materiales que se recogieron en el trabajo de campo en sus tres etapas. Los ajustes que se realizaron durante la fase de planificación del proyecto de investigación consideraron, además, dos aspectos básicos. De una parte, la reducción del objeto de análisis. Así, se trataba de evitar la confección de una etnografía en el sentido más tradicional y clásico que tratara de abordar de forma holística muchos aspectos de la comunidad kamba local para establecer generalizaciones improcedentes. Esta perspectiva supondría regresar a un anacronismo esencialista que podría resultar casi grotesco en una aproximación etnográfica de la actualidad. De otra parte, la concreción de la investigación, tras un acotamiento más específico y directo, conllevó dejar fuera de nuestros análisis determinados fenómenos de un alcance de mayor complejidad: las creencias, el peso de las supersticiones y/o maldiciones (tan presentes en estas comunidades rurales); los roles de género; los procesos de cambio, debidos a las migraciones (en especial, del campo a la ciudad); y los contactos e interacciones entre los kamba y otros grupos étnicos de Kenia[2]. Los aspectos indicados contribuirían a enriquecer la investigación, proporcionando una perspectiva de mayor alcance. Sin embargo, se descartaron por sobrepasar la temática y convertirse en un análisis inabarcable. Así, se decidió dejarlos en barbecho para retomarlos en futuras investigaciones, a modo de prospectiva de la presente etnografía.

1.3. Herramientas para la realización del trabajo etnográfico

En lo referente a la metodología y muestras, se debe destacar los aspectos que siguen a continuación:

a) Nos basamos, principalmente, en todos los aspectos que se relacionan con el propio trabajo de campo. De ahí que, principalmente, la observación participante se convirtiera en la base y fundamento del trabajo etnográfico. Hemos de indicar que, durante décadas, la etnografía no se concebía al margen de la observación participante, constituyéndose en la piedra angular de las técnicas utilizadas en el campo de la antropología. De esta manera, trabajo de campo y observación in situ parecieron no poder desligarse por considerarse la asociación más lícita en referencia a la praxis de la antropología. No obstante, y aunque no podemos restar valor a esta observación directa con participación asociada e inexcusable, se debe subrayar que esta técnica (o conjunto de técnicas) ha ido matizándose y transformándose a lo largo de la historia a la par que lo ha hecho la misma ciencia antropológica. De esta suerte, la concepción tradicional de esta observación directa se ha ido desproveyendo de manera gradual de las perspectivas más dogmáticas para adquirir rasgos que la han matizado hasta situarla en una reflexión que se sitúa en esa aprensión de la realidad como discurso. Se trataría, como consecuencia, de situarnos más en lo que narran los actores que observamos (lo que cuentan a quienes nos aproximamos por la *observación participante tradicional*), que lo que se ve en el proceso de observación. La perspectiva más actual ha ido desplazando la observación participante preconcebida para ajustarse a nuevos escenarios que secaracterizar por la movilidad, la interacción y la provisionalidad de los rasgos que se observaban y narraban como si de un sistema estanco y definitivo se tratara. A la figura del antropólogo que permanecía prolongados periodos en observación presuntamente objetiva para producir datos desde una autoridad asentadamente reconocida, le sucede un cambio paradigmático a partir de esa *crisis* de la antropología que tiene lugar hace, aproximadamente, seis décadas. No obstante, consideramos, a pesar de las derivas metodologías y de la constante necesidad de revisión y ruptura de metodologías dogmatizadas, que es importante vincular nuestro procedimiento a unas notas metodológicas que consideren la observación participante como base de la estructura etnográfica. Esto no se contradijo, al menos, a priori, con las exigencias de movilidad y dinamismo de las sociedades contemporáneas, que están en constante proceso de cierne y redefinición. De ahí que el hecho de permanecer, ser y estar in situ, esto es, en el espacio físico que se vincula al colectivo al que nos acercamos, se convierta en fundamento de nuestro proceder metodológico. A partir de ahí se puede proceder a la crítica y la construcción de un objeto etnográfico que tenga en cuenta otras perspectivas y variables. No se puede olvidar que este trabajo deinvestigación se funda en la observación de un proceso en el que los agentes externos, entre lo que se halla el propio investigador, han contribuido en cierta medida a la continuidad del cambio, de la interacción y la movilidad. Se ha llegado a la comunidad de análisis por medio de dos personas que proceden de allí pero que en la actualidad residen en Europa. Ahí se halla el primer eje de dinamismo y cambio. De igual modo, los proyectos asociados a la motivación para visitar la comunidad rural de Machakos han promovido el éxodo pendulary alternante entre la ciudad y el ámbito rural (segundo eje). Así, a todas luces, se puede considerar que nos encontramos ante una investigación que versa sobre un proceso conjunto y colectivo. La focalización de la observación se llevó a cabo en los espacios y localizaciones que se constituyeron en el eje de análisis de esta etnografía. Este procedimiento se constituyó en una vía útil para acceder y analizar la cotidianidad del día a día de las comunidades rurales kamba de Machakos. Las lógicas culturales se pudieron observar y describir en el contexto de su propio proceso, sin tener que recurrir para ello a una recreación artificiosa y forzada de los procesos. No obstante, no podemos perder de vista que, la misma observación participante (con todos los matices que hemos indicado y que la distancia de lógicas discursivas parcialmente desfasadas) se sustenta en determinados pilares que merecen una crítica orevisión constante; desde la misma estructura cognitiva de los observadores, hasta las actitudes de los sujetos hacia los que se dirige esta observación. La lógica discursiva no se puede desligar totalmente de determinadas dialécticas. Pero de esta tensión, surgen elementos de profundo interés para el mismo proceso de construcción etnográfica.

b) Se llevaron a término entrevistas a diversos miembros de la familia con la que se convivió durante este periodo. Éstas recayeron sobre las personas de mayor edad (*mwaitu*), principalmente, por conocer con mayor profundidad el conjunto de tradiciones, y por la autoridad que tiene al frente de la familia (nuclear y extensa).

c) Se procedió a una ampliación de la muestra, haciendo extensivas a miembros que pertenecían a diferentes grupos etarios, con la finalidad de tener una visión más amplia de las posibles diferencias generacionales.

d) Con el fin de conocer los elementos de mayor relevancia en relación a las costumbres y tradiciones familiares-comunitarias, nos fundamentamos en la observación participante.

e) En relación a la muestra, se seleccionaron 23 sujetos, pertenecientes a la misma familia y que habitaban en el mismo hogar. No obstante, se produjeron interacciones constantes con 14 familias que constituyen una pequeña comunidad rural, de difícil acceso, denominada Mbuini, en el término municipal de Mwuala, en el condado de Machakos. La distancia entre esta comunidad y la capital del condado es de 34 kilómetros. No obstante, las comunicaciones e infraestructuras dificultan sobremanera las comunicaciones por carretera. Los medios de transporte más frecuentes son el autobús (*matatu*) y las motocicletas (boda-boda). Estos factores determinaron la dificultad, en un primero momento, para recabar la información necesaria para la elaboración del presente trabajo. Al existir pocas interacciones con el ámbito rural, la irrupción de un sujeto externo requirió de la mediación de la familia con la que convivía para llegar a una aceptación e integración comunitaria.

f) Para las entrevistas, se utilizó la lengua inglesa. Entre los kamba no se trata del vehículo principal de comunicación. Es más, no suelen comunicarse entre ellos recurriendo a ella. Pero toda la formación académica y parte de los medios de comunicación usan el inglés, por lo que es una lengua de comunicación en la que suelen tener un dominio competencial relativamente alto. No obstante, se hallaron diversas dificultades por las diversas traducciones que tuvieron que llevarse a cabo. En especial, entre las mujeres que han tenido pocos años de escolarización, los problemas de comunicación resultaron más importantes. . La traducción implicó, como consecuencia, limitaciones en muchos casos. A lo largo de los periodos de convivencia e interacción, llegué a conocer algún léxico y estructuras gramaticales de la *kikamba*. Esto se constituyó en un complemento relevante para el trascurso de la labor etnográfica.

Para las entrevistas personales, se consideraron dos aspectos metodológicos de granrelevancia. En primer lugar, se grabaron parte de las entrevistas, en especial, las abiertas no estructuradas. En todo caso, se contó con el permiso de las personas implicadas en el proceso. En el caso de los momentos en los que no se procedió a la grabación, se tomaronnotas, en el diario de campo, de términos, palabras, sentencias o expresiones y elementos que llamaron la atención.

Como se ha mencionado previamente, se dieron dificultades para llegar al resto de miembros de la comunidad en un primer momento, a pesar del carácter afable, cercano y hospitalario que mostraron desde el principio. Así, con el objeto de llegar a la comunidad y ampliar el conocimiento de ésta, se procedió a la técnica de muestreo *bola de nieve* (Cea d´Ancona, 2001). Mediante ésta la familia nuclear con la que se convivió, se abrió la perspectiva al conocimiento de otras familias y miembros de clanes de Mwala, Mbui, Mboona Hills, Machakos y Makutano. La característica común es que todos los sujetos pertenecían al ámbito rural, o al menos, procedían de éste y tenían arraigo familiar en las zonas interiores del condado.

Las entrevistas, de carácter semiestructurado, fueron complementadas por dos *focusgroups*, realizados en agosto de 2019 en Mwuala, Machakos. Se explicó tanto la finalidad de las reuniones como el procedimiento que se iba a seguir. Las entrevistas colectivas no fueron grabadas por no contar con la autorización de todos los participantes para registrarlas por medios audiovisuales. Por ello, se tomaron notas de las cuestiones más relevantes destacadas en el diario de campo. De igual modo, se contó con una colaboradora, conocedora de la lengua kamba e inglesa, que también tomó notas de las respuestas que le resultaron de mayor interés.Derivado de la experiencia de convivencia con una familia kamba durante los periodos que especificamos al principio de este trabajo, surgió el presente proyecto, que trata de aunar la observación directa y participante[3] con la elaboración de una interpretación sobre la experiencia vivida en el contacto y la constante interacción con los miembros de la familia nuclear, la extensa, parte del clan y la comunidad más inmediata. No obstante, desde este proceso de relaciones, marcadas por un constante e intenso procesoadaptativo, y por ende, cargado de contradicciones e incomprensiones mutuas, propias de todo acoplamiento a un grupo humano con el que no se han tenido contactos anteriores, me asaltaban constantes interrogantes. El primero de éstos se correspondía con la pregunta clave, y que podría sonar a perogrullada: ¿Qué es un *akamba*? ¿Qué es kamba? ¿Que kikamba? La segunda de las cuestiones, ante la imposibilidad de responder a la primera, y la osadía de haber tratado de responder, con una serie de categorías de cierta magnitud, pero caducas, y lastradas de prejuicios, fue la de ¿Qué puedo decir de los akamba, de sus relaciones de parentesco?

Llevar a cabo una descripción que pretenda ser objetiva, pero llevada a cabo desde la actitud de fascinación que se deriva del encuentro con una realidad totalmente diferente puede conllevar controversias y pérdida de objetividad. Esa actitud de *cámara eye* que en muchas ocasiones se pretende desde el trabajo etnográfico se halla a menudo condicionada por las "identidades ajenas" (Devalle Bustamante, 1999, p. 49) que "se fijan, se generalizan" y, aunque pueda resultar paradójico a priori, "se vacían de especificidad". Para tratar de minimizar estos riesgos percibidos, durante los periodos en los que se interaccionó y convivió con las comunidades kamba, se trató de observar con la mayor objetividad posible. Esto se torna en un verdadero reto, inherente a la labor etnográfica y que a menudo se oscurece por la pretensión de un análisis holístico de aspiracionesirreales. La generalización de los datos obtenidos no responde a menudo a la realidad. Ésta trasciende a lo que se ha podido observar y aprender, en especial, si los periodos de análisisy convivencia son breves. Así, y debido a estos factores, la pretensión que tuve en un primer momento se redujo a la recogida de datos que resultaran de relevancia en relación a las relaciones de parentesco, sociales y modos de relación de la comunidad en la que conviví en los tres periodos de estancia en Machakos. La muestra analizada, así se ciñe a una comunidad rural que se auto identifica y reconoce como parte de los *kamba* que viven en el condado de Machakos. Debido a esta consideración de la que se parte, y siguiendo a Fabian (2002), no se puede obviar el carácter dinámico de la cultura, su temporalidad parcial y las limitaciones de haber llevado a cabo una etnografía en un momento determinado en el que, además, se han producido una serie de cambios a nivel global que han podido influir sobremanera en el desarrollo de las relaciones comunitarias. Por ello, no pretendemos dejarnos arrastrar por el tópico de la generalización por medio de a la asignación de categorías estancas que determinen la temporalidad como herramienta "used to create distance" (p. 28). Aun así, no resulta fácil a menudo evitar la utilización difusa (*muddled*), con pretensión de naturalizar, espacializar y distanciar el tiempo del observado del propio del observador, y proceder, por ende a la "denial of coevalness" (p. 32). La cultura no resulta fácil de entender e interpretar por la misma complejidad del concepto y la artificiosidad de sus definiciones. Resulta un término en sí mismo controvertido. Su definición y las características que componen un concepto tan complejo se definen y concretan en la interacción y confrontación con la *otredad* percibida. Así, sólo desde este conjunto de contactos e interacciones, esto es, desde un dinamismo que conduce a una inevitable influencia entre los colectivos se puede reconocer la propia identidad como específica, genuina y distinta. El influjo forma parte de la dinámica propia de la cultura, sometida siempre a un proceso de constante definición y cierne que forma parte de su propio proceso. Así, Okia (2015) subraya una de las dificultades que a menudo se cruzan en el camino del trabajo de etnografía que se lleva a cabo sobre comunidades que han experimentado los procesos de colonización y descolonización: la mirada del antropólogo occidental con ojos artificiosos de formación asimétrica y colonialista. En esta dirección, y teniendo en cuenta las consideraciones del autor, aplicadas al contexto que nos ocupa, podemos plantearnos si, realmente, la identidad que se atribuyen en la actualidad los propios kamba no es en parte la construcción a raíz de la colonia británica como producto que tiene un fundamento en la base de una conciencia colectiva que se halla en continuo definición y cierne.

Posteriormente, se procedió a la transcripción de datos, su lectura y la redacción de este trabajo, en el que se recogen aspectos fundamentales que se encuadran en lo observado sobre las estructuras de parentesco y sociales. De modo más específico, se tuvieron en cuenta los modos de relación, y más específicamente, los nombres familiares que se dan al nacer. Éstos se hallan repletos de significado entre los miembros de la que estructuran la familia nuclear, el clan y la comunidad kamba en general.

Partimos, como consecuencia, no tanto del gran interrogante que planteábamos, sobre quiénes son los kamba, qué es ser kamba; nos centramos más bien en la hipótesis de que si conocemos y comprendemos los nombres *tradicionales* que utilizan entre si los kamba de esta región, llegaremos a conocer algunos elementos que constituyen sus modos de relación y costumbres de la actualidad.

2. Contextualización

2.1. El problema de la *etnicidad*

Resulta relevante, para acercarnos con más precisión al problema de investigación que nos ocupa, acercarnos a la compleja cuestión de la etnicidad. No cabe duda que entrar en la cuestión de la etnicidad reviste una dificultad significativa y cargada de controversias. En este caso, y debido a las dificultades que la misma terminología reviste, trataremos de de hacer una descripción de los términos que habitualmente se utilizan para definir los distintos *colectivos étnicos* que componen el país de referencia en el que hemos llevado a término nuestra etnografía.

Grupo étnico, etnicidad, tribalismo y colectivo cultural parecen haberse encontrado desde un enfrentamiento directo por alzarse con el monopolio para describir aspectos que no son fáciles a subsumir a un mero término. Sin embargo, se da una convergencia entre muchos de ellos a la hora de hacer referencia a la descripción de la etnicidad y la identificación étnica. La diferenciación, como veremos, a menudo se liga más a criterios académicos o a orientaciones del enfoque etnográfico que a otros factores.

Intentaremos, por tanto, matizar cada uno de los términos, para tratar de ver sus puntos de convergencia y el uso oportuno que en cada caso se aplica en función del objetivo general del presente trabajo, esto es, establecer la relación entre los nombres tradicionales y las relaciones de parentesco.

Partiremos de la consideración general de la problemática de la etnicidad, para contextualizarla en la realidad keniana contemporánea. Se ha de advertir, no obstante, quea medida que se avanza en la cuestión, surgen nuevos interrogantes. Definir, por tanto, implica tratar de subsumir en la rigidez terminológica aspectos que, a priori, siempre van a quedar en cierne y constante replanteamiento. Las distintas interpretaciones, en cualquier caso, se van a reducir a tratar de comprender por qué en la actualidad todavía se hace referencia a las *tribus* en Kenia y otros países de la región; y, al mismo tiempo, cómo existe correlación entre este término y otros diferentes, relativos a la etnicidad, la identidad y la autoidentidad. De todos modos, se ha de subrayar que, igual que se procede a una contextualización de los *kamba* dentro del país, se ha de poner en contexto el término de *tribu* en referencia a la identidad étnica. Sólo de esta manera se podrá proceder a comprender con mayor acierto qué alcance tiene la relación entre los colectivos y cuáles son los principios en los que se apoyan las comunidades para poner en relieve y valor su percepción de la propia identidad, en contraste con la *otredad*.

Acercarnos a términos como etnia, grupo étnico, tribu y clan, como ya nos hacíamos eco previamente, implica regresar a ciertos planteamientos simplistas, por un lado, y que nos hacen pensar en un esencialismo obsoleto; y necesario, por otro, ya que se trata, en este caso, precisamente de poner en relieve las forma de denominarse y autodenominarse. Ya la cuestión de la tribu, como es lógico, puede hacernos caer en la cuenta de la huella colonial que aún se halla vigente en las estructuras sociales de Kenia. Esto, de forma inevitable, incluye las relaciones interétnicas marcadas, en gran medida, por las construcciones llevadas a cabo a lo largo de siglos, aunque con un papel determinante de la época colonial a la hora de establecer constructos y forzar tanto posicionamientos como estructuras de relación. No obstante, resulta necesario ir por pasos. Como ya sabemos, la identidad cultural no resulta una propiedad estanca y estable de un colectivo. Obedece a muchas cuestiones y circunstancias. Es producto de múltiples procesos que se han dado a lo largo de la historia de un pueblo y pueden responder a procesos que podrían ser considerados como naturales, o bien acrecentarse o diluirse en función de dinámicas inesperadas o súbitas. No obstante, y aunque no es ésta, precisamente, la cuestión que nos ocupa, hemos de tener en cuenta que los planteamientos en torno a la etnicidad suscitan interés para comprender cómo se autoidentifican los grupos. Y uno de los factores que interviene sobremanera en esta cuestión es, precisamente, la relación con otros colectivos, sus procesos de coexistencia, la autocomprensión de las similitudes y, en especial, de las diferencias o particularidades. En el caso de los kamba de Kenia, al igual que ocurre en otros estados con multiplicidad de grupos étnicos, la convivencia ha conllevado la comprensión de la etnicidad. Así la tierra de los kamba, que actualmente coincide con el condado de Machakos en su práctica totalidad, se extiende por una extensión muy considerable de territorios, variantes climáticas y paisajísticas, así como entornos rurales y urbanos. Destaca la cercanía de parte de Akambani a Nairobi y su área metropolitana. Pero, dentro de esa variedad y extensión hallamos también la presencia de otros grupos étnicos, o tribus, siguiendo la denominación propia que se le otorga en el país, y con los que se ha llevado a cabo una convivencia durante generaciones. Del mismo modo, la presencia de representantes de los kamba en grandes ciudades como Machakos o Mombasasirve de ejemplo y referencia para comprender cómo en la confrontación con la otredad, al menos, con esa alteridad percibida, cobra interés y sentido la etnicidad. En el caso de Kenia, la variedad de grupos supone una de las características más significativas del país. Pero, en el caso de los kamba, las relaciones de coexistencia se han dado fundamentalmente con los grupos masaii, meru, embu y giguyu. Como veremos posteriormente, las relaciones establecidas por la coexistencia han tenido fundamento en las actitudes de unos hacia otros. Pero también en las relaciones con los colonizadores durante el siglo XIX y en las características que unos grupos vuelcan sobre otros. Del mismo modo, la influencia de la autoridad y del poder han ejercicio un papel rector a la hora de establecer relaciones y, por ende, la comprensión de las etnicidades.

2.1.1. Etnicidad e identidad étnica y tribu

Etnicidad, con la complejidad que reviste en sí el término, hace alusión y referencia múltiples aspectos. No obstante, tenemos que subrayar la relación existente entre etnicidad e identidad. Si regresamos al fundamento de la etnicidad, hemos de poder en relieve determinadas especificidades que a menudo dan lugar a ambigüedades, pero que conviene destacar para una mayor comprensión de las relaciones inter e intragrupales que tienen espacio en los contactos caracterizado por la diversidad cultural. Y, del mismo modo, para entender ese sentido de pertenencia y los lazos de parentesco que se establecen entre los miembros de las diferentes estructuras que componen los clanes y las tribus.

Podríamos cuestionarnos si la categoría de etnicidad puede considerarse como tal ose trata de una construcción categorizadora que sirve de referencia para la comprensión de las relaciones interétnicas. Ha sido una cuestión recurrente, como sabemos, entre antropólogos, sociólogos y otros investigadores a lo largo de la historia. Del mismo modo, ha conllevado tanto reflexión como constantes redefiniciones categóricas. La *etnicidad* y los *grupos étnicos* han tenido distintos momentos de re-conceptualización, en los que se han acuñado otros términos para describir o hacer referencia una misma cuestión. Una *realidad,* por otro lado, que responde a muchas y variadas perspectivas. En función del momento histórico, de la realidad social y de la perspectiva que fuese adoptada por partedel investigador la etnicidad y el grupo étnico han adquirido significados diferentes. En cualquier caso, el término *colectivo étnico* o grupo caracterizado por la *etnicidad* toma sentido en relación y contraste con otros grupos que ponen en relieve su carácter genuino. En este caso, la comunidad étnica por definición se caracterizaría por los aspectos que se destacan a continuación (Geertz, 2003; Gené, 2009):

- Origen común compartido, de carácter genealógico, mítico, territorial y/o familiar. Estas características podrían darse, y de hecho, es común que así sea, en conjunto y combinación.
- Costumbres y tradiciones compartidas, observadas y respectadas por todos. La comunidad en sí misma pone una serie de expectativas sobre la persona y sus parientes a las que éstos deben responder de forma positiva.
- En relación a estos hábitos comunitarios, que forman parte inherente de la identidad, se une un sistema de prácticas y creencias que han de ser observados. Estos se toman como referente obligado, al mismo tiempo que como modelo de seguimiento irrenunciable. Los principios que componen esta ética responden a unacosmovisión compartida y que se constituyen en valores normativos.
- En muchos casos, como ocurre en Kenia, la lengua es constituyente de identidad y confiere a los miembros de la comunidad el principal elementos distintivo respectoa la demás comunidades étnicas (Bwisa, 2011; Ogechi, 2019).

Las terminologías en investigación antropológica han ido redefiniéndose, tal y como sabemos, en función de distintos factores. Éstos van más allá de la mera interpretación, pero no se hallan exentos de nuevas controversias, paradójicamente, en nombre de un intento de definición más precisa. La perspectiva de clásicos como Yinger (1994) y algunas interpretaciones posteriores (Simpson y Yinger, 2013; Rose, 2020; Tóth, 2020) se sitúa en las dificultades para hallar elementos que determinen la etnicidad en función de una presunta homogeneidad. Así, el propio Yinger se cuestiona si la etnicidad y la definición de colectivo étnico no se convertiría, en gran medida, en fuente de conflicto más que en punto de cohesión fortaleza. La posible fuente de esta controversia se hallaríaen la falta de unicidad en la literatura científica de la etnicidad en relación a las variables que se constituyen en los factores claves para la comprensión de la etnicidad. O dicho de otro modo, los componentes que hacen de una comunidad étnica un colectivo definido, concaracterísticas propias y diferente del resto. Así, Yinger y los posteriores autores se hacen eco de que los aspectos que la mayoría de antropólogos tienen en cuenta a la hora de consolidar qué aspectos definirían al grupo étnico o comunidad étnica. Como veremos a continuación, con matices, pero en esencia, estos rasgos coinciden en gran medida con los determinados por Clifford Geertz, por lo que vemos que, a menudo, se trata más bien de una problemática de matices terminológicos, influida, eso sí, por las dificultades de concretar la etnicidad (Yinger, 1994; Simpson y Yinger, 2013):

- La percepción de la otredad según la lengua, las creencias o las prácticas religiosas.
- El origen étnico, traducido en términos de características fenotípicas o rasgosfísicos.
- La tierra de origen de ese grupo, o al menos, el lugar presuntamente genuino en elque se originaron los primeros representantes.
- La autopercepción de la comunidad en referencia a su identidad.

- La participación del grupo en actividades compartidas, establecidas por lacostumbre y que se constituyen en parte integral de los modos de relación y pertenencia.

Por la influencia de la época colonial, se atribuyó el término *tribu* para describir lasetnicidades, especialmente, en el contexto de África. Y como sabemos, esta forma descriptiva de referenciar los grupos étnicos en relación a sí mismos y a los otros perdura hasta la actualidad. La controversia fundamental procede de una cuestión medular: el objeto de descripción y, por ende, el grupo al que se hace referencia. De esta manera, distintos autores (Baumann, 1996; 2002; Back & Solomos, 2013; Jacobsen & Bowman, 2019) subrayan un cierto carácter etnocéntrico en la denominación de *tribu* para hacer describir los grupos étnicos de África. No se trataría de una preferencia para el análisis y la comprensión de colectivos europeos o americanos que se analizaron y tomaron como referencia de *etnicidad* durante el siglo XX. Se evitó en especial en el caso de grupos francófonos o anglófonos, así como de aquéllos que fueron observados o investigados en lazona balcánica (Baumann, 1996). De igual manera, y siguiendo a Ulbrich & Bielakowski, (2018) y Dearth (2010), la etnografía de los pueblos de América también ha tratado de evitar el término *tribu*. Por su parte, Jones (2022), Smith (2000) y Díaz-Andreu et al., (2005), toman como referencia la *comunidad étnica*, como categoría terminológica, que implicaría una mayor concreción del colectivo que no se reduce a la simplicidad de la *tribu*ni a su carácter etnocéntrico. Asimismo, describiría la percepción de grupo que responde a un origen común, historia con proceso de identificación que se ha consolidado a lo largo del tiempo y cuyos lazos de solidaridad, estructuración y sentido de unicidad conllevan unacohesión grupal consolidada. Así, los lazos de solidaridad y la tendencia a la cohesión se tornarían en principios básicos fundamentales para la concepción y la comprensión de la *comunidad étnica*. Teniendo en consideración estos principios, en el contexto de Kenia, una *tribu* encarnaría todos estos elementos, tanto en esencia como en estructura. No obstante, y aunque la forma habitual de denominar y autodenominar al grupo, esto es, de referenciar la etnicidad, es en relación a las distintas tribus que habitan el país, también es habitual describir lo grupos específicos mediante la terminología a la que hemos hecho referencia anteriormente, esto es, "comunidad étnica" (Maxon, 2018, p. 81). Así, lasdistintas etnicidades se comprenden en la relación entre ellas, en confrontación, diferenciación y especificidad. La relación que han tenido a lo largo del tiempo ha ido determinando su especificad, pero también sus relaciones de semejanza. Del mismo modo, el peso de los estereotipos ha jugado un papel de relevancia en la configuración de las relaciones y, del mismo modo, en el rol que cada comunidad étnica ha ocupado y ocupa en el contexto de la Kenia contemporánea. Por ello, se habla de *comunidad masaii*, o bien de *comunidad giguyu*, o *kamba*, pero esto hace referencia a su vez a los grupos de poder, las élites policías, los colectivos productores o las *tribus* que se perciben desde una inferioridad asimétrica en relación al resto. En términos generales, la descripción como *comunidad* parece otorgar un carácter de mayor formalidad a la etnicidad correspondiente, aunque se basa más bien, siguiendo a Simson (2019), en la corrección policía de la terminología y el intento de distanciamiento de las categorías constituidas por la influencia del pasado colonial británico. No obstante, la realidad del día a día prefiere el término *tribu*para describir la etnicidad. Por medio de éste, se describen las prácticas culturales, los intereses, metas, creencias, lengua preferente de uso familiar y el territorio (Baumann, 1996). Por ello, la tribu concreta los principios básicos que definen la cosmovisión de cada una de las etnicidades percibidas y autopercibidas. Si contemplamos las propiedades que los miembros de la *comunidad étnica* estructuran a la hora de hacer referencia a su *tribu* podremos comprobar que no se dan diferencias entre ambos términos. La tribu contiene todos los componentes que describíamos, en referencia a la identidad, autoidentificación y visión del mundo. No se trataría, por tanto, de un término que confiriera ningún elemento despectivo, esencialista o excluyente. Se trataría, por tanto, sólo de una denominación generalizada que responde a un mayor uso, bien por costumbre, o bien por extensión y arraigo.

2.1.2. Una cuestión de unicidad terminológica

El problema no se refiere tanto a que estas propiedades no sean descriptivas y esenciales de la identidad cultural, como que no hay criterio de unicidad a la hora de elegir cuáles son las que se constituyen en primordiales para la definición. Así, y como indican Yinger y sus seguidores, la etnicidad ha sido definida siguiendo alguno de los criterios señalados, o varios. Incluso se han tenido en cuenta todos, por parte de algunos estudiosos. Por ello, responder a lo que implica a etnicidad supone decir cosas muy diferentes que tienen en consideración también elementos dispares. Los propios sesgos del etnógrafo, que trata de describir con objetividad, conllevan una selección a veces arbitraria y que conduce, a menudo, a la subjetividad que ha tratado de evitarse.

Si nos remontamos a décadas pasadas, en las que la amplitud en la terminología sociológica y antropológica comienza a despegarse de sus implicaciones más esencialistas, Weber se constituye en una de los primeros autores en mencionar de manera explícita el término "grupo étnico". No describe la categorización de tribu que se había derivado del proceso colonial y la posterior descolonización. Es más, lleva a cabo, de manera indirecta, una fuerte crítica de ésta. Aunque no podemos olvidar que también refiere de forma concreta, las limitaciones al término de *grupo étnico*, por las connotaciones estructurales y políticas que conlleva. Así, Weber (1982; 2012) determina que los rasgos compartidos por la comunidad que se autoidentifica desde una etnicidad homogeneizadora y diferenciadora,no sólo se producen por origen, descendencia, participación o creencias compartidas: la inspiración de etnicidad común tiene su base en la "comunidad política" (Weber, 1982, p. 12). Sin dejar de lado esta importante perspectiva, y que en el caso que nos ocupa, esto es, Kenia, adquiere mucho sentido, se trataría de un punto de vista parcial y que dejaría fuera de la ecuación elementos que son de gran interés. Así, la perspectiva de Weber ha sido criticada por Giménez (2006), Rocca (2010) y Carrillo (2013). Así, habría, siguiendo a los autores, una mayor amplitud de elementos constituyentes de la etnicidad y que cobran sentido en la cotidianidad de las comunidades étnicas. Puede parecer que esta perspectiva asume una vuelta al esencialismo. Pero, en realidad, regresa sólo a éste para poner en relieve otros elementos de importancia que se obvian en una visión puramente político- estructural. De esta manera, y siguiendo a Carrillo (2013), la comunidad étnica es poseedora de un potencial que supone una fuerza cohesionadora muy significativa. Asimismo, su fuerza reside en su "organización económica y social, modo de vida, sistema de valores y proyecto societal" (p. 198), que juega un papel primordial a la hora de autodefinirse en relación a sus miembros y en diferencia con respecto al resto de comunidades étnicas de las que se distingue. Los grupos no pueden desligar su etnicidad delas prácticas culturales. A su vez, éstas no se ciñen a límites marcados por las estructuras sociopolíticas. Éstas pueden influir –y de hecho, influyen sobremanera- en el desarrollo, institucionalización y arraigo de las prácticas. No obstante, las costumbres, hábitos y modos de relación que son inherentes a la comunidad étnica tienden a perseverar a pesar de la estructuración política. Bien como resistencia o bien como adaptación o plasticidad ante la presión de las estructuras dominantes.

No resulta sencillo, como vemos, dilucidar la cuestión de la etnicidad y la matización terminológica que hallamos para los grupos étnicos que habitan en el contexto que tratamos de analizar. No obstante, y como hemos visto hasta el momento, la etnicidad se traduce en la vivencia cultural de la comunidades étnicas; colectivos que, por otra parte, se denominan e incluso se autodenominan como *tribus*. Este término se ha cargado de connotaciones controvertidas, por razones obvias. Pero sigue siendo un tema conceptual recurrente que se identifica, en lo esencial, con la misma etnicidad. De todos modos, conviene subrayar que la etnicidad misma, así como su concreción en colectivos determinados (sean estos denominados *comunidades étnicas, tribus, colectivos culturales* o bien *grupos étnicos*), ha experimentado un proceso de transformación en su significación y contenido desde que se acuñaron los términos. Uno de los antropólogos especializados en etnicidad y pueblos africanos que mayor extensión de estudio ha tenido a lo largo de las últimas décadas ha sido Du Toit (1980; 1998; 2011, 2019) quien considera la variación que ha experimentado en sí la etnicidad en su interpretación a lo largo del tiempo. Así, en origen, la distinción entre grupos étnicos se ceñía de manera prioritaria a la creencia, y más específicamente, a las diferencias religiosas. Pero ésta evolucionó para concretarse en la "raza o fenotipo, así como en el énfasis en las diferencias socioculturales de los grupos" (DuToit y Safa, 2011, p. 87). No obstante, la etnicidad continuó en proceso de ampliación ensu significado hasta situarse en una perspectiva de alcance mayor. Así, describiría el contraste que el propio grupo étnico hace con respecto a los demás colectivos, o bien, la distinción que las otras comunidades establecen con respecto a ese grupo específico (Chimakonam y Du Toit, 2018). En el caso específico de Kenia, en relación a los kamba y otros colectivos en contacto, contraste y relación, la referencia de etnicidad y comunidad étnica servirían para referirse a un subgrupo con rasgos determinados y demarcados que convive con otros, en base a sus diferencias, semejanzas, elementos comunes, valores, religiosidad o creencias y, por supuesto, lengua. A modo de síntesis, en relación a la etnicidad, se produce un paso de las características que podrían considerarse como *externas*, visibles o palpables, a la noción de diferencia o rasgos genuinos en base a criterios más amplios, holísticos e identitarios. Éstos se fundamentan prioritariamente en función del conjunto de creencias, valores y tradiciones que se ha ido arraigando a lo largo del tiempo y ante los que la persona, individuo de esa comunidad étnica, da una respuesta positiva de aceptación (Robinson, 2014).

Si tenemos en consideración las afirmaciones de Du Toit (2011; 2019), la categoría de *etnicidad* se ceñiría con mayor precisión a la situación que caracteriza la diversidad de comunidades que pueblan actualmente el África oriental. De igual modo, refiere con mayor acierto, siguiendo las consideraciones de Cottam y Cottam (2001) y Du Toit (2019), las relaciones entre los grupos, su reconcomiendo y las características que definen su identidad, forjada en la diacronía, pero en constante cierne y proceso de definición. Si procedemos a concretar en la realidad que nos ocupa, podemos afirmar, junto a los investigadores mencionados, y siguiendo las afirmaciones de Berman, Eyoh y Kymlicka (2004) y Waller (2013), que la contigüidad o cercanía, así como la diversidad de comunidades que comparten fronteras nacionales a pesar de su diversidad conllevan que esa identidad se vea potenciada. De esta manera, se ha argumentado con asiduidad que existe una correlación entre autodefinición étnica y contigüidad espacial (MacArthur, 2016). En este sentido, la influencia colonial ha contribuido sobremanera a la demarcación identitaria. Algunos de los colectivos se identificaron con la tierra en la que tradicionalmente habitaron, conservando los límites territoriales que hallaron los colonizadores y, en gran medida, contribuyeron a potenciar.

2.1.3. Retomando el valor del término tribu por su carácter descriptivo

Debemos tener en cuenta que, aunque la *etnicidad* se considera como un término más descriptivo y preciso, tal y como hemos descrito anteriormente, se continúa utilizando el término *tribu* de manera generalizada. La cronología conceptual sobre la cuestión étnica nos muestra la evolución terminológica desde la división de tribus hacia la consideraciónde diversidad de grupos étnicos o comunidades étnicas. Aunque diversos estudios han considerado que las *tribus* se fundan en la caracterización colonial, por un lado, y se refieresobre todo a los grupos rurales, desde la observación sistemática, las entrevistas y la propiarevisión de la literatura, se puede afirmar que el término de predilección utilizado por la población general, tanto urbana como rural, continúa siendo el de *tribu*. En un contexto de territorio común compartido, de coexistencia interétnica, los movimientos poblacionales han sido una constante. Por ello, las particularidades se han incrementado en relación a la otredad, como marca de identidad étnica. Así, los grupos que pueblan el país y cuya extensión trascienden las fronteras nacionales en muchos casos, han contribuido a la diversidad de la Kenia contemporánea. De igual modo, las controversias y conflictividades de antaño se han potenciado, como consecuencia de las luchas territoriales, el peso de los estereotipos y el monopolio del poder. En cualquier caso, y a modo de síntesis, resulta necesario poner en relieve algunos aspectos significativos en referencia a la etnicidad, las comunidades étnicas y la *cuestión tribal*:

1. El término tribu parece mostrarse como una forma de denominación de origen colonial y que contendría los componentes básicos para ser tildado de permanecer como reducto de la colonia, cargado de connotaciones occidentalistas y etnocéntricas. No obstante, dada la amplitud de su uso y el contenido terminológico, nos parece un término lícito y exacto para describir y referirnos a lascomunidades étnicas de Kenia.
2. Su uso no se ciñe a la población, como elemento de autoidentificación y pertenencia. Además, se usa en la cotidianidad entre parientes, a nivel social e institucional.
3. El término de colectivo étnico, grupo étnico o comunidad étnica quedaría relegado al ámbito académico y, de manera muy parcial, institucional. No obstante, el contenido semántico del término *tribu* se hallaría desprovisto de carácter peyorativo, etnocéntrico o excluyente. Así, se podría decir que, al usar la palabra tribu no se haría sino describir todo el contenido de la etnicidad que hemos descrito anteriormente. Sería una categorización estructural referida a la identificación étnico-cultural, con todas las aristas que esta definición pueda traer consigo debidoa la profunda complejidad que se deriva de la cuestión identitaria. En el caso específico de Kenia, sólo se recurre a la etnicidad comunitaria en determinados ámbitos académicos. Pero su uso es

infrecuente, a favor del término que hemos indicado, esto es, tribu.

4. Se ha procedido a una profunda crítica terminológica en relación al *tribalismo*. De hecho, si tenemos en cuenta los análisis llevados a cabo por distintos autores (Du Toit, 2019; Eyoh y Kymlicka, 2004; Cottam y Cottam, 2001) que han relegado o lohan suprimido con la intención de afirmar la etnicidad. No obstante, en el momento actual no resultaría procedente suprimir la categorización *tribal,* para describir la multiplicidad de colectivos étnicos. Esto es debido a que no se percibe a nivel interno como un término excluyente. Se trata de una cuestión meramente descriptiva y convencional.
5. Los límites étnicos, esto es, las fronteras de la etnicidad se hallan condicionadas poruna serie de factores en los que influyen numerosos componentes. No obstante, se han demarcado de forma artificial, aunque el peso de la historia y el desarrollo de los acontecimientos coloniales y postcoloniales han ido estableciendo las delimitaciones que hallamos en la actualidad. De una forma más o menos natural, aunque bajo la tensión de constantes conflictividades, se han ido aceptando estos límites que, habitualmente, se encuentran ligados a la tierra en la que han vivido las generaciones anteriores que, presuntamente, se corresponden con sus orígenes. Esta circunstancia estructural, siguiendo a Banton (2019) y Kłosowicz (2020) se ha constituido en una constante en toda la

región de África Central y Oriental. Es un aspecto común característico de los procesos de colonización y descolonización que han conducido a estados que están constituidos por identidades étnicas muy diversas.

6. A pesar del incremento de la urbanización, el desarrollo económico y la influencia occidental, en muchos casos, profundamente destructora, se han conservado muchos aspectos culturales e ideológicos. La identidad étnica ha preservado elementos relevantes que han sido incluidos de manera endógena y exógena por el influjo de las colonias. Así, ésta ha contribuido sobremanera a la delimitación actual. Algunas veces, de manera artificiosa. Pero también ha servido de impulso para ña recuperación de aspectos o la reinterpretación de la propia etnicidad.
7. Por cuestiones prácticas, utilizaremos indistintamente los términos grupo étnico y tribu, por remitir a una misma realidad en la cotidianidad de Kenia. Aunque, y como se ha indicado, los sectores más academicistas optarían por el uso de etnia o colectivo étnico en lugar de tribu, como hemos subrayado, consideramos en este caso la valía y autenticidad del término, por lo que optaremos preferentemente por su uso.

Presentamos, a continuación, un mapa terminológico que representa una síntesis de la etnicidad con su estructuración básica.

Figura 1. Síntesis de la etnicidad en el contexto de Kenia

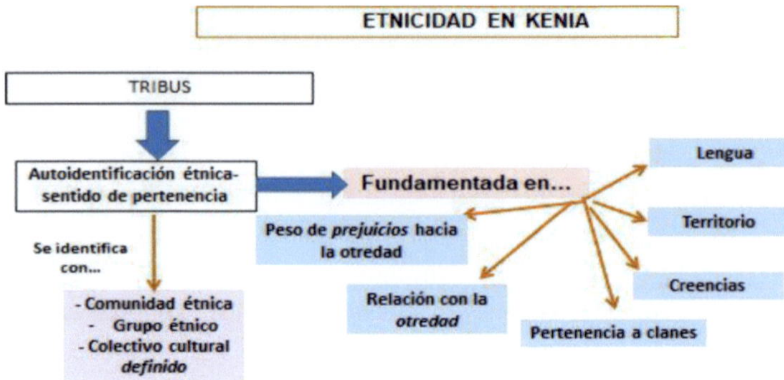

Fuente: elaboración propia

Como se indica en el cuadro sinóptico anterior, el sentimiento de pertenencia a la comunidad se fundamenta principalmente en el uso de una lengua percibida como tradicional, y menudo, lengua materna. Entre los kamba, particularmente, no se concibe el uso familiar de una lengua distinta de la kikamba. Si bien es cierto que en contextos en los que se convive con otras *tribus*, como es el caso de las grandes ciudades, el swahili es la lengua de comunicación prioritaria, entre parientes o en el encuentro entre personas que se autoidentifican como kamba, la lengua tradicional se convertirá en la vehicular. Por otro lado, y como indicamos, la tierra que se considera como *Akambani*, esto es, el lugar de los kamba, se circunscribe a gran parte del actual condado de Machakos, si bien, y como se ha subrayado, se trata de una cuestión relativa.

Además de lo que hemos descrito, incluyendo los rasgos relacionados con la cosmovisión y tradiciones que han sobrevivido o se han recuperado, hemos de tener en cuenta un aspecto que llama la atención del observador: el peso de los prejuicios. Al referirnos a ellos, hemos de concretarlo, referido a los kamba, en dos aspectos. De un lado, el conocimiento de los otros grupos étnicos que conviven en Kenia. De otro lado, los estereotipos que se han ido adquiriendo y desarrollando a lo largo del tiempo y que parecenhaberse constituido en un instrumento de la relación. Así, del contacto derivado de la convivencia se observaron prejuicios marcados con respecto a los distintos grupos étnicos que viven en el país. De igual modo, también se percibió una autoidentificación o asimilación de determinados clichés por parte de los propios kamba. En este sentido, en ocasiones, se ha procedido a una simplificación de la etnicidad muy cercana a planteamientos puramente esencialistas y que reducen la amplitud real de toda una comunidad étnica. El primordialismo contribuye quizá a una comprensión más sencilla de la etnicidad kamba. Pero regresa a perspectivas que parecían obsoletas. No puede negarse quizá una huella de "discurso dominante" (Baumann, 1996, p. 22; 2002, p. 45), establecido en décadas pasadas por la influencia de las élites y que ha calado en la comprensión de la etnicidad en la sociedad keniana actual. Pero el uso de tribu, para hacer referencia a la identidad étnica de las comunidades que componen el país en la actualidadse muestra como un término de utilidad, descriptivo y que carece de matices que deriven hacia el etnocentrismo, al menos, en su uso general y generalizado.

2.2. Kamba en el contexto de Kenia

Una de las personas con las que más he podido convivir, y que, desde una postura más esencialista personal, que se caracterizó por un dogmatismo muy marcado, contemplé como el *paradigma de los kamba*, ha sido *mwaitu*. No obstante, el paso de los días, semanas y meses, el contraste con otras fuentes de información, y el ejercicio de escritura, crítico, abierto a otras consideraciones y analizado externamente, me llevó a diversos planteamientos sobre esa figura que había considerado paradigmática.

Imagen 1. ***Mwaiu*** **de la familia Kiminyú**

Fuente: David Caballero

Sin duda, no se puede poner en tela de juicio su condición como tal. Pero,

¿Paradigma de qué? Obviamente, su autoidentificación es como una *akamba*, representantey miembro de una familia, y una figura significativa en su clan. Además, es una referenciaa nivel comunitario y su autoridad se percibe de forma clara, tanto en la toma de iniciativasy decisiones, como en su forma de relación dentro del sistema de parentesco del que forma parte y de la comunidad a la que pertenece. A raíz de este hecho, de la meta reflexión y de un ejercicio muy autocrítico y *heterocrítico*, comprendí al menos parcialmente la aseveración de Honorio Velasco y Díaz de Rada sobre que "el holismo como operación de conocimiento practicada por el antropólogo y, en su caso, por el etnógrafo" implican que "el todo, la totalidad y el holismo son categorías a definir a nivel de la teoría y el método, no en el nivel del objeto entendido como realidad pre-teórica" (Díaz de Rada, 2003, p. 238). Y dado que "las construcciones del todo dependen de los motivos de los investigadores" y que "no hay un único todo" (p. 238), puedo proceder a afirmar sólo loque *mwaitu* representa como paradigma identitario de su espacio local. Lengua, costumbres, tradiciones y creencias en general, han sido transmitidas por *mwaitu* a sus hijos. Eso es un hecho que se percibe. Y éstos, a su vez, han recibido, elaborado y reelaborado esos contenidos, constituyendo un espacio común de prácticas, relación y comunicación. Por otro lado, en el encuentro y en la confrontación con otros, la estructura de parentesco que denominaremos en este caso familia, incluida *mwaitu*, se define e identifica, siempre sabiendo, que un contexto como el mundo contemporáneo y en el queun país diverso como Kenia no es una excepción, "esas realidades de objetos, sentidos, cuerpos e identidades" se halla "en perpetua transformación" (Cañedo, 1999, p. 184). No obstante, vayamos por partes. *Mwaitu* significa madre, en un tono que se percibe como muy cercano y familiar, y al mismo tiempo, cargado de autoridad. Esto ya marca su relevancia entre los suyos y como representación clánica y comunitaria. Al acercarme a preguntarle, en diversas ocasiones, quiénes son los *kamba*, su respuesta, en todas las ocasiones fue *andû ma musyi wakwa, mbai wakwa*[4]. Caracterizar una pluralidad bajo los mismos criterios, resultaría, al menos, osado. Dado esto, sí podemos esbozar algunas cuestiones derivadas de este trabajo de campo, y a partir de ahí, tratar al menos de responder, desde este contexto local, y desde un sinfín de limitaciones, a la gran cuestión que realizábamos: ¿Quiénes son los kamba? La estructura de parentesco, sus interrelaciones y, en este caso, la manera de denominarse entre ellos desde el nacimiento o incluso antes de éste, da razón de lo que vive este colectivo, con un dinamismo significativamente visible. No obstante, conviene acercarnos a la perspectiva externa, en modo de *categorización* y clasificación, que se tiene sobre los kamba de la actualidad. En este sentido, y en relación a la cuestión de la identidad que hemos tratado de describir en el apartado anterior, no podemos perder de vista que Kenia es un país caracterizado por la diversidad étnica, que se traduce en la presencia de una multiplicidad de grupos lingüísticos, superior a los sesenta. Aunque la cuestión de la etnicidad, como ya hemos [4] "mi familia", "mi clan", "mi gente" descrito con anterioridad, resulta compleja y depende de una serie de factores convergentesde muy difícil descripción y concreción, se ha de poner en consideración el papel de las lenguas autóctonas, como principal aspecto de identificación dentro del colectivo étnico al que se pertenece. Así, éstos se clasifican en tres familias lingüísticas: Bantú, Nilotic (y para-Nilotic), y Cushitic (Michieka, M. M., y Ondari, 2017). Tres cuartas partes de la población, no obstante, pertenecen al grupo bantú, destacando en este sentido los colectivos étnicos giguyu, luhya, kisii y meru (Kigamwa, 2017). Debemos poner en relieve, en este caso, cuatro cuestiones que no pueden pasarse por alto desde esta clasificación.

1. El problema de la etnicidad y de la identificación étnica. En este caso, no referimos la conceptualización que hemos mencionado previamente. En este sentido, referimos la diversidad étnica del país, que se establece según la diversidad de lenguas y su uso:

   Uno de los principales obstáculos con que se encuentra la investigación de las relaciones interétnicas deriva precisamente de un enfoque incorrecto de la dinámica de la etnicidad. La clave de la inadecuación de este enfoque radica en proyectar sobre el objeto que pretende investigarse la rigidez semántica de la categoría bajo la que pretende subsumirse. De esta forma, la diversidad de estrategias y adaptaciones a que dan lugar las negociaciones de los individuos con las condiciones simbólicas y materiales de su entorno tiende a quedar aprisionada bajo un modelo estático y esencialista de categorización cultural (Terrén, 2002, p. 46).

Derivado de las palabras del autor que acabamos de citar, hemos de tener en consideración que, ya en sí la etnicidad, es un concepto, como habíamos señalado, complejo y conflictivo en sí, porque tal y como la proyectamos, presenta limitaciones y al mismo tiempo, pretensiones de generalización y categorización que resultan muy fáciles deponer en tela de juicio. De ahí que Ruiz (2007), aunque en parte ponga sobre la mesa una confrontación entre quienes quiebran el concepto de etnicidad y los que lo afirman como categoría útil, dando argumentos a favor y en contra, afirme que "lo étnico enfatiza el papelde la dominación y de la construcción social del *otro* como elementos esenciales", por lo que de esta manera, "justifica relaciones de dominación", y al mismo tiempo "tipo específico de dominación que se sustenta y argumenta sobre la base de la diferencia cultural, y que se emplea para explicar y justificar relaciones asimétricas" (p. 35). En el caso que nos ocupa, diferentes grupos en la actualidad conviven bajo la *identidad nacional* keniana, realidad más que cuestionable. Pero se han forjado en confrontación directa entre unos y otros, al mismo tiempo, que bajo las relaciones asimétricas entre sí, y sobre todo, bajo el influjo colonial. Por ello, el principal aspecto externo que se ha tenido en cuenta ala hora de identificar al grupo étnico ha sido precisamente, la lengua. No obstante, la categoría que se ofrece a la hora de distinguir los colectivos, como bien hemos reiterado, esla de *tribu* (Posner, 2004), cuya imposición, herencia colonial e influjo británico es másque evidente. Ya Ranger (1993) se refería a esta cuestión como "the invention on tradition revisited" (p. 62). De ahí que afirme que "before colonialism Africa was characterised by pluralism, flexibility, multiple identity; after it African identities of 'tribe', gender and generation were all bounded by the rigidities of invented tradition" (p. 63). A pesar de la diversidad, y de superar los cuarenta distintos grupos[5], hallan aspectos de convergencia, a menudo relativamente cercanos. Su dispersión a lo largo de todo el país hace evidente la distribución lingüística, la diversidad y las constantes interacciones entre los distintos grupos. A su vez, manifiesta las mutuas influencias que ejercen unos colectivos con respecto a otros y el dinamismo en la incorporación de elementos nuevos. En cualquier caso, no podemos dejar de lado que, existe una gran afinidad entre los distintos grupos que componen la actual nación keniana, en gran medida, por el origen común; y además, por las constantes influencias que ejercen unos colectivos sobre otros. En el caso de los kamba, la tierra (*Akambani* o *Kambaland*), junto al uso familiar y social de la lengua kikamba establece esos límites tribales o étnicos.

2. La *autoidentificación*. Un aspecto curioso es el de la identificación como miembro perteneciente a una de las denominadas *tribus*. Además de la identidad a la que hacíamos mención, se debe poner el acento en este caso, a la *autoidentificación*, el sentido de pertenencia y la percepción propia de ser parte del grupo. Este hecho, por lo que se ha podido observar desde la interacción y las entrevistas del trabajo de campo, se relaciona con el encuentro con otros grupos y la apreciación de las particularidades. La identidad, por tanto, los kamba, la asumen en su encuentro y confrontación con otros grupos, de los que además, se nutren, y a lo que al mismo tiempo, trasmiten elementos culturales que parecerían o percibirían como *propios:*
3. We are not as violent. Other tribes are very violence, the struggle and struggle, they hurt, they kill. We not. We like peace. We talk. We concern work (Nicholas Kiminyú, comunicación personal, 22 deagosto de 2019)
4. Esta referencia de uno de los miembros de la familia nos sirve de ejemplo para ilustrar varios aspectos. El primero, la idea de *tribu*. Nos habíamos hecho eco

con anterioridad de las múltiples controversias que se habían generado a propósito de la terminología para describir y referirse a la etnicidad. No obstante, y como indicábamos con anterioridad, se tiene predilección por el uso de tribu para describir la comunidad étnica de la que la persona o la unidad de parentesco se siente parte.

En relación a lo que acabamos de describir, hemos de destacar un aspecto curioso que se ha observado en casi todas las ocasiones: los *kamba*, como otros grupos del país, no se refieren tanto a sí mismos como tribu. Pero sí lo hacen para marcar las distancias con otros colectivos. Por otro lado, la construcción étnica, en este caso, relacionada con la *autopercepción*, se atribuye una serie de características que además, conectan con la idea general que se tiene en el país sobre este grupo. Lentz (2000) manifiesta que para contextos en los que se generaliza la exclusión por discriminación étnica, o por la confrontación grupal entre colectivos que consideran fuertes y otros, generalmente sometidos, y que se autoperciben desde la debilidad, "la construcción de la alteridad cultural" surgiría "como respuesta a la discriminación étnica" (p. 201). Específicamente, en lo que hemos indicado, hay una generalización fundada en diversos elementos, pero sobre todo, en prejuicios estereotipados, del apego de los kamba a la tierra y al trabajo, así como su huida del conflicto. Es por ello que, Okia (2015) y Mwakikagile (2014) se cuestionen si la categorización *akamba*, con independencia de la cuestión lingüística, a la que no podemos restar relevancia, no estaría sino ligada a la colonia y al conjunto de relaciones que se establecieron a partir de ésta. Si se observan ciertas costumbres, de hecho, como algunas relacionadas con la comida, el consumo de té, la religión y determinadas normas, incluidos saludos y expresividad, la huella británica es más que evidente, así como el influjo no simétrico de la colonización. De este punto de vista, la cuestión de la autoidentificación en relación con la identidad y el consecuente sentido de la pertenencia adquirirían aún más consistencia. De todos modos, el agrupamiento en la región de Machakos (*Akambani*), el carácter rural de la población y su papel durante la época colonial han contribuido a que la lengua, junto a otros elementos relevantes de la tradición, hayan perseverado y se hayan tornado en la principal nota de identidad compartida, aceptada y presentada ante la otredad; esto es, ante otras comunidades éticas (tribus) y ante los que son considerados como los mayores representantes de esa alteridad: los *wazungu*.

5. En relación directa con el aspecto que hemos indicado anteriormente, tenemos enfatizar la concreción de la lengua como el único rasgo distintivo que resulta genuinamente exclusivo y excluyente. Resulta evidente que la lengua otorga distinción y sentido de pertenencia a la comunidad étnica. Los *kamba*[6], suponen el 11% de la población del país, lo que se correspondería a un número de hablantes que alcanza los cuatro millones, y que se halla en proceso de expansión (Mwaniki, 2017). Como se ha indicado, la mayoría de los *kamba* se sitúan en el actual condado de Machakos y otros limítrofes en Kenia. Si bien, y a pesar de las demarcaciones, se extienden por otras regiones, tanto del país como de Tanzania y Uganda (Mwakikagile,

2014). De igual modo, y aunque pueda resultar un dato insólito, existe una comunidad kamba en Paraguay, los *kamba cuá*, descendientes de un grupo de esclavos liberados y que están constituidos en la actualidad por más de diez mil representantes, muy conocidos por conservar música y danzas tradicionales (Lipski, 2008; López, 2013). Si tratamos de describir y referirnos a este único elemento, en cualquier caso, podríamos responder a un sistema excesivamente reduccionista y simple. Los kamba, como grupo *cultural* trascienden la lengua tener mayores aspectos de identificación. De hecho, se ha observado un grupo de individuos que no viven en la zona, y que o no hablan esta lengua, o su dominio competencial es limitado. En cambio, se auto-reconocen como kamba, y encuentran puntos de unión con el resto de la familia-comunidad. Entre estos rasgos, se hallarían los nombres en kamba que se les dieron al nacer.

6. La construcción histórica de la búsqueda identitaria en clave *localista*[7]. Habitualmente, se identifica Machakos con la región propiamente *kamba*, aunque sólo la mitad de representantes de este grupo étnico habita en este condado. Este hecho es debido a que esta regiónsemiárida cercana a Nairobi se muestra como la más homogénea en cuanto a la lengua kikamba se refiere, tanto en su uso cotidiano, como en la uniformidad frente a otras variantes. No obstante, se ha de indicar que forma parte de los kamba,

precisamente, su constante proceso de interacción con otros grupos, el dinamismo de su "cultura", y la facilidad de incorporación de elementos, aparentemente, procedentes del exterior, de lo percibido como alteridad. De todos modos, y siguiendo a Díaz de Rada (2008), "poco podemos aportar a la comprensión de un campo de relaciones étnicas si lo contemplamos de una vez por toda a la luz de los esquemas categoriales de la burocracia política (p. 212). No se puede dejar de lado que Machakos no es sino un condado, una división administrativo-política, que hunde sus raíces en divisiones territoriales funcionales que parten de la época colonial. Por otro lado, se ha de señalar que, si tenemos como punto de partida y referencia la lengua, consideradaen este caso como elementos de identificación[8], se ha de poner en relieve cómo el *kikamba* comparte alrededor del 60% de su léxico y gramática con otras lenguas bantúes cercanas y contiguas, tales como el giguyu, embu, chuka y meru (Kioko, 1995; Roberts-Kohno, 2000). Del encuentro y la presunta *confrontación* con el otro, surgen "opuestos categoriales lógicamente excluyentes" (Díaz de Rada, 2008, p. 213). Pero en ese caso, y teniendo en cuenta tanto la lengua en sí como otras costumbres y tradiciones, se puede afirmar que en grupos "étnicamente diferentes, los agentes sean también copartícipes de procesos reales de identificación" (p. 264).

Tabla 1. Distintas variedades del kamba

Ulu+	Mumoni*
Nganyawa+	Kitui*
Kinabgo*	Kibwezi*
Kisuari*	

+ Se corresponde a las dos variedades generales de la lengua kamba.
*Son variantes relacionadas con los lugares

Fuente: elaboración propia, basada en Hobley (1971) y Hinde (2014)

De cualquier modo, como subrayan Mercado Maldonado y Hernández Molina (2010), en loa contextos en los que los grupos humanos fluyen, como ocurre en la actualidad en casi todos los espacios, y del cual, este condado y los aledaños no suponen una excepción, "la construcción del sentido de pertenencia se dificulta, ya que los sujetos están adscritos diversos grupos", por los que "los sujetos, a través de sus múltiples interacciones cotidianas van seleccionando los repertorios culturales que responden a sus intereses y aspiraciones personales, así como a las exigencias sociales" (p. 229). En realidad, por el dinamismo que se manifiesta del proceso que se atribuye a los kamba, en su historia y asentamiento, esta realidad ha sido una constante. Y en lo que concierne a la actualidad, se ha de entender que hay una definición e identificación en la relación con la alteridad. Es ahí donde se buscan los principios más arraigados de la *cultura*, presupuesta e imaginada, pero vívida y dinámica al mismo tiempo. "Asya wa kikamba" es una de las sentencias más repetidas por las mujeres de mayor edad de la familia y la comunidad a los miembros más jóvenes:

> Mwaitu is mad at us when we speak Kiswahili. She understands. But she concerns we ought to speak kikamba. We are at home, in our land. This annoys our ancestors. And mum, buried over there. She´s funny. We always speak Kiswuajili in Nairobi. My friends are giguyu and luyha. They don´t know kikamba. I forgot lots of words (Sammy Kimeu, Comunicación personal, 28 julio de 2017)

Si observamos la tabla anterior, los primeros antropólogos que tuvieron contacto con el colectivo *kamba* distinguen sólo dos variantes de esta lengua. Por otro lado, en la actualidad, las variedades dialectales se relacionan más bien con el lugar y los condicionantes que se mueven alrededor de éste: presencia de otros grupos étnicos, porcentaje de población kamba que se halla en el lugar en proporción a otras lenguas, aislamiento o, por el contrario, constante interacción con colectivos diferentes. Por otro lado, la lengua kikamba del norte de Tanzania se halla condicionado por su carácter minoritario en el contexto de este país. Además, es una realidad que los kamba dominan más lenguas, en especial, entre los sectores más jóvenes y que han tenido la oportunidad de estar escolarizados durante periodos más prolongados. Kiswahili e inglés son utilizadas por los kamba, por ser lenguas oficiales en Kenia. No obstante, se observa que, a nivel doméstico, el uso de ambas es casi inexistente. Sólo se utiliza el kamba. El kiswuahili, por su parte, y debido probablemente a los cambios en las distintas políticas lingüísticas, presenta un mayor nivel de competencia entre los jóvenes. Se usa, no obstante, como instrumento para la comunicación interétnica, con otros colectivos del país. Por su parte, tanto inglés como kiswahili se hallan condicionados por el nivel educativo de la persona. Hay diferencias significativas, marcadas por los sectores.

2.3. Origen, historia e identidad: los *kamba* en el horizonte de la *otredad*

Como sabemos, la identificación con un colectivo determinado, al que, de manera genérica denominamos *cultura* no resulta sencillo. Es más, se halla cargado de controversias y, a menudo, impresiones. Esto no significa que los contenidos que se vierten sobre el grupo carezcan de fundamento; más bien responde a la limitación de describir aspectos que resultan parciales, locales y a menudo, limitados en su análisis. En el caso de los *kamba*, no se puede perder de vista que se trata de un grupo que se autodefine, externamente, como bien identificado, delimitado y continuador de unos esquemas culturales que ensalzan como heredados de generaciones. Unas generaciones que se pierden en el tiempo y que derivan de tres aspectos que no podemos perder de vista. De un lado, la pertenencia lingüística. Este es un elemento que parece evidente. No obstante, posteriormente regresaremos sobre él para analizar algunos detalles que no carecen de relevancia. En segundo lugar, la agrupación político-estatal derivada de la colonización y los procesos de descolonización también han de tenerse en consideración. La misma asimilación de determinadas estructuras, así como la división artificiosa del país en fronteras y grupos étnicos concretos trata de responder a esa perspectiva colonial que ha permanecido tras la independencia de Kenia (Woode, 2002; Gumo, Akulora, Omare, 2002). De otro lado, y en tercer lugar, se tienen en consideración las particularidades de cada grupo en particular. Estos colectivos étnicos son, como sabemos, denominados (y autodenominados) *tribus*. A priori, puede parecer un término excluyente, casi despectivo eincluso etnocéntrico. Como señala Ibelema (2014), "otherness and tribal fixation are primarily and theoretically related to the perceptual phenomena of belief systems, social cognition, and social distance there are also the utilitarian and programmatic dimensions" (p. 165).

Pero el sentido otorgado por los propios miembros de cada etnia difiere mucho de esta perspectiva. La confrontación identitaria entre los grupos, esto es, la percepción de la otredad como distinta conlleva la autoidenticación en los márgenes de una esencia en constante cierne, cambio y autodefinición.

Conviene, no obstante, ofrecer algunas pautas sobre el origen del pueblo kamba y elproceso de identificación como colectivo a partir de la colonización británica. Esta supone un punto de inflexión en el proceso de consolidación de estructuras sociales, económicas y relacionales. Del mismo modo, es la fuente de determinados elementos relacionales que aún se proyectan hasta el día de hoy.

Si tratamos de profundizar en el origen de los *kamba* de la actualidad, hemos de poner en relieve que resulta dificultoso indagar en sus raíces, siguiendo pesquisas es investigaciones contrastivas. Se debe indicar, siguiendo a Pina (2000), en los contextos multiculturales, fenómeno, por otro lado, nada nuevo, la búsqueda y la construcción de principios y arraigos definitorios se torna en un afán constante.

Se considera que, en origen, el grupo emigró desde la zona oeste de la actual Tanzania hacia las inmediaciones de la meseta que ocupa los márgenes del este de Nairobi,en la región ocupada por el pueblo Nyamwezi. Éste, uno de los mayoritarios en Tanzania, habría sido desplazado parcialmente por los *kamba*, o se habría procedido a una sucesión de interacciones que habrían dado espacio a asimilaciones, convivencia y surgimiento deun colectivo (Abrahams, 2017; Rockel, 2000). No obstante, una de las teorías más extendidas en la actualidad es la que subraya que los *kamba* son producto del cruce interétnico de diversos grupos que se cruzaron por distintas alianzas matrimoniales, y por ende, forjaron sus señas de identidad a partir de este conjunto de interrelaciones (Mwakikagile, 2014). En este sentido, y teniendo en cuenta que la identidad étnica resulta una categorización conflictiva y cargada de controversias, las consideraciones del autor citado se enmarcarían en una conceptualización que describiría de forma evidente que la "cultura es algo vivo, compuesta tanto por elementos del pasado, como por influencias exteriores adoptadas y novedades inventadas localmente" (Verhelst, 1994, p. 42). En cualquier caso, se han de destacar las constantes interacciones, por motivos de subsistencia, con otros pueblos, en especial, los *masaii* y *giguyu*. Por otra parte, y como destaca

Mwakikagile (2014), durante la presencia británica, los kamba establecieron relativas buenas relaciones, y tomaron parte del ejército y las fuerzas públicas. En este sentido, se ganaron la fama entre los colonizadores de estructurados, dóciles y trabajadores, por los que éstos no procedieron, presuntamente, a una imposición muybrusca de sus estructuras sociales. De ahí, lo que expresábamos previamente, relativo a la influencia colonial en los ejercicios de delimitación y definición de identidades, a menudo muy problemáticas y artificiales.

Si tenemos en cuenta la tradición oral de este pueblo, y en referencia a sus orígenes,podremos poner en relieve que aún se hallan historias que sitúan el origen de los kamba en los alrededores del monte Kilimanjaro[9], desde donde emigraron hasta situarse en Mbooni yalgunas de las zonas en las que actualmente se sitúan. De ahí, que aún en el colectivo, se hallen presentes mitos y creencias del pasado, que son difíciles de cifrar en cuanto a su origen, y que se han transmitido de forma oralmente de forma intergeneracional. Entre estos aspectos se halla la creencia en el *Ngai* o *Ngai Mumbi* (Wamue, 2001), máxima deidad, compartida con otros pueblos cercanos como los *giguyu*.

Tabla 2. Principales localidades con población Akamba

Condado de Machakos	Condados limítrofes	Otros lugares
Machakos	Kiivaani	Nairobi
Mwuala	Kayunvu	Mombasa
Makutano	Mbooni	Kajaido
Mtungulu	Muranga	Taveta
Ati River		Ukunda
Masii		
Mbuini		
Syathani		
Pakhaline		

Fuente: elaboración propia basada en visita, observación y fuentes de información municipales.

Al ser Machakos una zona de dominio lingüístico kikamba, ha sido considerada como la tierra de los akamba. En cualquier caso, y derivado de la observación, se puede decir que, a las variantes de esta lengua bantú se han de añadir las locales. De la misma forma, la diversidad alcanza a la distinción entre espacios urbanos y rurales. En ocasiones, en este sentido, se perciben divergencias. Si bien, hay una nivel de comunicación fluida entre los hablantes akamba de zonas muy alejadas. Pero, de igual forma, se da una comunicación fluida entre éstos y los pertenecientes a otras *tribus*[10], y manteniéndose en esta perspectiva fue defendida por antropólogos desde hace un siglo, especialmente por Middelton y Lindblom, primeros en referir el pueblo kamba (Bale & Sang, 2013; Mbiti, 1974). Estas teorías, hoy día, se hallan muy matizadas por diversos estudios y responden a una perspectiva etnográfica en exceso esencialista. En ambos casos, las lenguas originarias vernáculas. Esto manifiesta cercanía lingüística e influencias constantes. Como subraya Díaz de Rada (2008), "la relación interétnica no divide dos zonas homogéneas, remarcables e identificables con dos sujetos sociales alternos" (p. 2005). La frontera cultural, marcada en clave de profunda artificialidadquedaría *quebrada* en este caso[11]. Giménez (2009), aunque subraya de manera crítica que "la fuerza de una frontera étnica puede permanecer constante", no se puede pasar por alto que "en la interacción con los otros grupos se define la identidad" (p. 7).

3. Autopercepción de su propia identidad entre los *kamba* deMwuala

Con anterioridad a la investigación sobre la cuestión de los nombres tradicionales kamba, se procedió a llevar a cabo un primer *focus group* (28 de julio de 2019) como premisa para la comprensión de la propia consideración que los kamba tienen sobre sí mismos. La técnica del *focus group* se constituye en una de las herramientas de investigación cualitativa más significativa de los últimos años. Si bien aún se presentan ciertas actitudes de reactividad con respecto a su implementación, los resultados obtenidos son de interés porque alcanzan perspectivas de análisis que pasarían desapercibidas desde otros enfoques. Gracias a la interacción y al diálogo se obtienen unas dinámicas de *feedback* de las que se obtienen informaciones amplias y directas (Plank, Dixon and Ward, 2014). Guest et al. (2017), Mohajan (2018) and Coe et al. (2021) han puesto en relieve que los *focus groups* tienen un carácter metodológico de gran amplitud por presentar conclusiones datos globales en un contexto realista, situado y distendido. En nuestro caso,y siguiendo a Acocella y Cataldi (2020), consideramos de interés un primer acercamiento desde esta perspectiva, para posteriormente, completar con otros instrumentos y enfoques que van desde la entrevista abierta, hasta la observación participante. Si para nosotros, como observadores externos, ya en sí resulta todo un reto, el intento de comprensión externa sobre la propia impresión que este colectivo de kamba tiene sobre sí mismos no resulta una cuestión exenta de dificultades. No obstante, se procedió a este ejercicio de encuentro con el grupo de voluntarios, como primero modo de acercamiento a la entrevista de carácter colectivo y, al mismo tiempo, como complemento a la observación sistemática y la revisión de la literatura. Para ello, se procedió a seguir un guion (Anexo I) que resultara sencillo, comprensivo, de fácil análisis y que no sacara a la luz aspectos en los que los y las participantes pudieran sentirse comprometidos en su privacidad.

Imagen 2. Realización de focus group.

Fuente: David Caballero

Se presentan a continuación los resultados normalizados de las respuestas que se obtuvieron sobre la autocomprensión de la propia identidad percibida por parte de esta muestra de *kamba.*

a. What do you consider to be a kikamba is[12]?

La cuestión sobre la identidad resulta, quizá, una de las más controvertidas en dos direcciones. De un lado, a la hora de definir la conceptualización en sí de la etnicidad, tal y como hemos descrito con anterioridad. Por otro lado, la complejidad, en el momento de presentar la reflexión a los participantes, se deriva de la paradoja de la simplicidad. Lo que se percibe de manera evidente no parece ser susceptible de precisamente, en ese punto de la confrontación con el otro y del cuestionamiento sobre lo propio donde se definen los principios básicos que caracterizan la etnicidad. Al menos, en referencia, en este caso específico, a cómo se autodefinen los propios kamba. A continuación, se presenta la normalización de las respuestas obtenidas en el grupo de discusión, en relación a esta primera cuestión.

Figura 2. Descripción sobre qué se considera como ser kamba

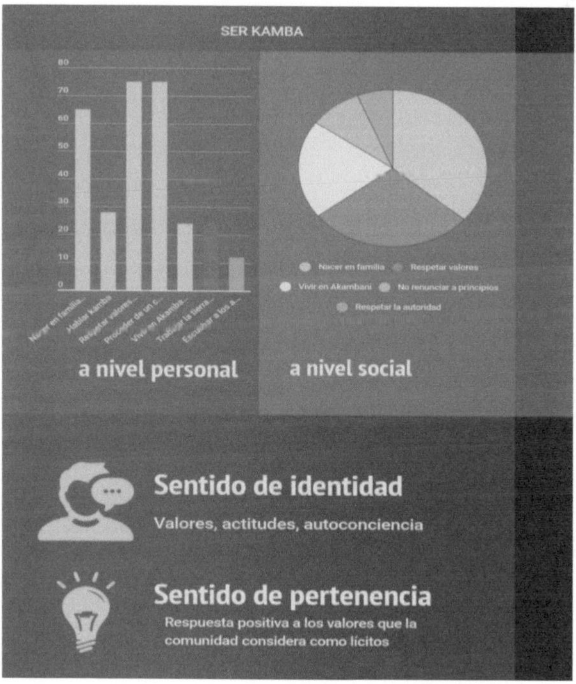

Fuente: elaboración propia, basada en la normalización de las respuestas del focus group

Como se ha podido observar en la imagen anterior, la autoconciencia de ser kamba se fundamenta, con carácter prioritario, en los valores que poseen de forma personal y comunitaria. En cualquier caso, se percibió de una forma evidente que la definición de la identidad se encuentra en un momento de gran fortaleza en la comunidad que fue objeto de análisis.

b. Mention some particular features of the kamba people

Figura 3.

En relación a la primera de las cuestiones, se definió con más precisión una serie de rasgos perciben como propios los kamba que formaron parte del grupo de discusión. Algunos de ellos (el carácter, la condición de buen agricultor, ser buen trabajador o su actitud de servicio) coinciden, por lo que se pudo observar y analizar, con algunos de los estereotipos más destacados que se vuelcan sobre las comunidades de lengua kikamba. El resto de valores que describen la autoidentificación como miembros de la comunidad podrían pertenecer perfectamente a cualquier otro grupo étnico. La excepción que resulta exclusiva como kikamba se halla en dos rasgos que se destacaron: *athumia ma ithembo* y *Muungu*. El primero se refiere al respeto que se profesa hacia los ancianos, como autoridad, origen y, al mismo tiempo, fuente de sabiduría. Por otro lado, la creencia en una única divinidad, *Muungu*, se comprende en clave de exclusividad, como si los kamba se hallaran por ello bajo la bendición de constituirse en un grupo con un estatuto ontológico especial.

c. Try to explain the relevance of belonging to a clan and a tribe

Figura4. Afirmaciones sobre lo que se considera desde la comunidad kamba pertenecer a tribu y clan

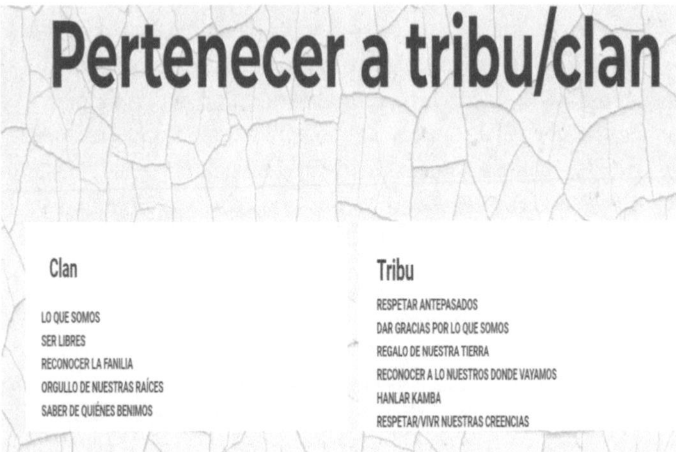

Los rasgos que se expresaron y que se corresponden con la relevancia tanto del clancomo de la tribu se resumieron en el carácter fundamental de estas estructuras. Asimismo, se destacó con unanimidad que la pertenencia a ambos se constituye en el pilar que da sentido y fundamento a la persona y el sistema de parentesco. Los ancianos, como destacaremos posteriormente, se convierten en el referente comunitario para diversos aspectos: petición de oraciones especiales, consejo, deshacer maldiciones o toma de decisiones que requieren de un gran proceso de discernimiento. A su vez, la tribu hunde sus raíces en la historia y origen del pueblo. Mezcla rasgos históricos definidos con elementos que se definen desde lo mítico. De cualquier modo, muestra el carácter dinámico de la etnicidad y la sutilidad con la que las comunidades étnicas adquieren rasgos y se identifican con nuevos valores y principios. Se ha de destacar un aspecto de interés. Si bien la definición de clan a la que hicieron referencia los informantes se fundamenta en las características esenciales de éste (es decir, origen compartido, línea de consanguineidad, carácter mítico), se dio una discrepancia entre la definición del término y las propiedades de lo que se puede considerar en sí un clan. De este modo, en algunas ocasiones, se perdió la línea de distinción entre clan y estructura de parentesco elemental. En otras ocasiones, sepuso en relieve la relación entre clan y familia extensa, llegando a veces a confundirse. El aspecto en el que casi todos convergieron fue en la consideración del clan como referente de identidad, origen y pertenencia compartida.

d. What impressions do you think other tribes have on the kikamba people?

Figura 5. Mapa conceptual de las impresiones percibidasde otras comunidades étnicas sobre los kamba

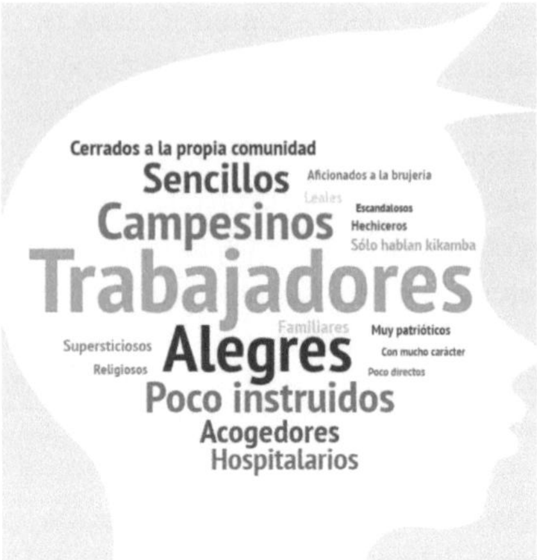

Fuente; elaboración propia, basada en las respuestas del focus group

Derivado de estas ideas que señalamos, podemos poner en relieve que se destacan múltiples elementos relacionados con estereotipos marcados. Algunos de ellos muestran la autoconciencia de ser una comunidad con creencias, principios y valores propios, que se definen en función a la confrontación con los otros pueblos. No obstante, se comprueba la afinidad y cercanía en muchos ellos.

Un elemento que se destacó fue, precisamente, el de la superstición. Aunque no sea el objeto de nuestro estudio, resulta necesario subrayar cómo los kamba, tanto desde dentro, como desde fuera, son observados como conocedores de la brujería, las maldiciones y todo tipo de rituales de carácter exotérico que se fundamentan en prácticas mágico y tabuista. Por este motivo, en caso de conflictos interétnicos han sido temidos por esas cualidades, de origen ancestral que aún se hallan vigentes entre los miembros de la comunidad. Si bien es cierto que el influjo de las diferentes iglesias cristianas ha ido restando valor a las prácticas, éstas continúan vigentes. Entre los estereotipos más extendidos que fueron observados en Nairobi, donde hay gran confluencia e interacción de comunidades étnicas, fue precisamente, el de los kamba como practicantes de las más variadas maldiciones y hechizos.

3.1. Nacimiento y asignación de nombre como elemento de integración, pertenencia, relación e identidad

Si tenemos en consideración las afirmaciones de Geertz (2003), "el pensamiento humano es esencialmente social, social en sus funciones, social en sus formas, social ensus aplicaciones" (p. 299). Esta conexión que a menudo pasar desapercibida por causa de su obviedad, conlleva que tengamos que considerar que "pensar es una actividad básicamente de carácter público" (p. 300). Por ello, se intuyen y subrayan diversas conexiones "nada obvias entre el modo en que una persona se recibe a sí misma y percibea los demás, el modo en que experimenta el tiempo y el tono afectivo de la vida colectiva de que participa". Estas redes de conexión, como el propio autor subraya, que resultan esenciales para la comprensión de la sociedad humana, partiendo de un contexto que podemos considerar particular y concreto. De ahí que un acercamiento a los kamba se constituye en una forma de comprender las especificidades que pueden caracterizar esta comunidad étnica, pero por extensión, la comprensión de aspectos relevantes de la sociedad humana en su significado más amplio.

Fertilidad y nacimiento se consideran como aspectos básicos en las estructuras de parentesco. Se sitúa el sentido y la teleología misma de la existencia en la procreación. Si bien los sistemas de parentesco se establecen por muy diversas causas y estructuras, que comprenden, aunque no en exclusivo "una organización específica en la que se opera una organización biocultural" (Gómez García, 2011, p. 2), la reducción de las estructuras a rasgos genéticos o biologicistas dejaría fuera aspectos que resultan necesarios para su comprensión y análisis. La conjunción de aspectos que se derivan de la construcción del parentesco se fundamenta, sobre todo, en lo histórico y lo cultural. Así, lo genético sería relevante, pero sólo uno de los componentes. Eso sí, constituyente en muchos sentidos. En cualquier caso, y continuando con las afirmaciones de Geertz (2003), no se puede dejar de lado que las estructuras, funciones asignadas a los miembros del sistema de parentesco y us misma complejidad varían de un colectivo a otro, aunque se podrían hallar aspectos que se ciñeran a esquemas determinados. La conjunción de aspectos puede determinar parcialmente la estructuración organizativa y funcional. No obstante, y siguiendo Gómez García (2011), el parentesco se constituye y comprende "en la interfaz entre el plano biogenético y el sociocultural, dando lugar a la formación del sistema complejo" (p. 3) al que nos referimos. Como indicó el propio Lévi-Strauss (1973), los sistemas de parentesco no se ciñen a la consanguinidad que se establece, especialmente, por lazos de filiación, sino que son producto de alianzas sociales que se llevan a cabo entre familias. Por tanto, nose limitan al plano biológico. Aunque éste sea relevante- La llegada de un nuevo ser se viva como todo un acontecimiento, y la fertilidad, como la mayor de las bendiciones que pueda otorgar *Mulungu, Ngai*[13] (Langmia, 2016), esto es, la divinidad, o la misma naturaleza, a la que el akamba se siente completamente ligado por pertenencia y sentido de unidad. Si bien, siguiendo a Geertz (2003) y Gómez (2011), el parentesco no se ciñe exclusivamente a lo natural, y tampoco, a lo *sobrenatural*, la relevancia de la experiencia religiosa en determinadas culturas tiene un papel de rector para la comprensión de sus estructuras. Parentesco es previo a la religión y no se deriva de ésta, pero "todo rito religioso, por aparentemente automático o convencional que sea, abarca la fusión simbólica del ethos y la cosmovisión" (Geert, 2003, p. 107). Los acontecimientos que tienen lugar en el seno de la unidad de parentesco nuclear y extensa determinan pare de las relaciones, en función a la visión compartida del mundo, los roles de cada uno de los miembros, el respeto a la tradición adquirida y trasmitida, las tareas y las obligaciones de parentesco. El nacimiento, entre los kamba, se percibe y celebra desde esta perspectiva de conexión con lo trascendental, presente en la cotidianidad, que *sacraliza* en parte las estructuras de parentesco genuinas y establecidas, así como los modos de relación que se requieren (Osborne, 2014).

Así, el hecho de tener descendencia se torna en un requisito casi indispensable para este colectivo[14]. Se muestra en una característica común observada en muchas comunidades étnicas arraigadas a la tradición y que han tenido escaso contacto o influenciaexterna. Cabe mencionar, a modo de paralelismo de cierta evidencia, cómo Geertz se refiere, en sus análisis de la estructuras de parentesco, a que "no tener hijos es una clara desventaja para quien aspira a adquirir el poder o prestigio local" (p. 307). La limitación por ausencia de descendencia se muestra como un freno para alzarse con la autoridad completa que se espera del sujeto. De ahí que algunas opciones, como el celibato, no son comprendidos entre las comunidades rurales. No se puede dejar de lado que la ausencia de hijos se comprende como una especie de maldición, porque no otorga sentido completo de plenitud. Este hecho, por los paralelismos que se establecen, es aún más dramático en el caso de la mujer, que se compara con la tierra. En cualquier caso, este hecho, tal y como hemos indicado con anterioridad, se relaciona con los roles de género que se atribuyen enel seno de las comunidades kamba.

Hemos de tener en consideración que el nombre dado al nacer otorga a la persona una característica y una idiosincrasia que le confiere identidad, un modo de relación e incluso una forma de ser. En cualquier caso, debemos indicar que no es en sí un nombre que confiera *per se* características individuales. Está vinculado, como veremos, a la cotidianidad, esto es, a las prácticas cotidianas. La familia lo otorga y crea, de este modo, una vinculación de parentesco que puede parecer condicionante, pero que se fundamenta a la vinculación de lo circunstancial y efímero. De ahí se producen sistemas de vinculación que siguen un esquema que va desde lo particular a lo más amplio; esto es, desde las estructuras de parentesco más inmediatas (como puede ser la familia), al clan y a la tribu. La mayoría de los akamba, profesan el cristianismo, en su profesión protestante o católica, y por ello, tienen un primer nombre de bautismo, generalmente, cristiano. No obstante, su segundo nombre es kamba. El nombre se convierte en el elemento de identificación dentro del sistema más particular de parentesco, del clan y de la comunidad. Parte, esta comunidad de origen bantú, de considerar que la manera de denominar al individuo es una característica que se conforma en un rasgo de su personalidad. En cualquier caso, se ha de destacar que ésta, aunque con matices, parece ser una característica, por lo que se ha observado, que no sólo se extiende entre los kamba de las zonas rurales, sino que además, es propia de otros grupos del país. Lo que sí se muestra como más evidente, es que, a mayor urbanización, esta costumbre parece diluirse más. Se optaría por el nombre *oficial* asignado:

> I´d rather being called Violet. Mwenii is part of me, are my roots. But noone understand in Nairobi. It sounds better Violet. Here at home, it´s an offence. Here, always Mwende. You can call me Violet, because here you are the wazungu[15]. But sister can´t dare (Violet Kiminyú, comunicación personal, 26 de agosto de 2017).

Se debe tener en cuenta, además, que el nombre elegido se asocia a algún acontecimiento que tiene que ver con la concepción, el periodo de gestación, y sobre todo, el momento del nacimiento. De esta manera, el nombre tradicional se hallará ligado a los eventos de la cotidianidad, y se convertirá en un rasgo constante a lo largo de la vida de la persona. Resulta de gran interés este aspecto. En sí mismo, no se trataría de nombres que reflejen elementos o situaciones que se relacionen con lo extraordinario; por el contrario, nombran y describen lo cotidiano en términos generales. Sí se da el caso de algunos que pretenden manifestar alguna situación o aspecto que puede ser tildado de especial. Hay aspectos y eventos que se perciben desde una verdadera ruptura de nivel y sitúan a la persona en una especie de predisposición a la realización de acciones extraordinarias. Pero lo habitual es que el nombre tradicional dado al nacer, como hemos indicado con anterioridad, tenga una vinculación a la normalidad, a los eventos del día, de la naturaleza o las circunstancias que se vinculan al momento de nacer. Se darían, en esta dirección, una diferencia entre los kamba y otras comunidades étnicas, en las que los nombres serían exclusivos y únicos. Pero sí siguen los mismos patrones que otros grupos bantúes, que describen también elementos que están ligados a la cotidianidad y, del mismo modo, ponen en relieve aspectos de gran significatividad para la persona que lo recibe, quien lo otorga y la comunidad en su totalidad.

Derivado de la observación directa, se puede destacar que hay una utilización selectiva del nombre, dependiendo del contexto. Así, a nivel de estructura básica de parentesco (tanto en la *familia* nuclear como en la extensa), se conoce a la persona y la denomina según su nombre tradicional kamba. Por el contrario, en el contexto de relación con otros grupos étnicos, extranjeros o en núcleos de población mayores, como la misma ciudad capital, se recurre a la identificación por medio del nombre cristiano dado en el bautismo. Además de este hecho, se ha de tener en cuenta, de que a los dos nombres, se añade el de la familia, a modo de apellido. Esta circunstancia difiere de otros colectivos presentes en Kenia. Además de lo que hemos descrito, se ha de destacar que, entre grupos étnicos cercanos y en constante interacción, en ocasiones sí se utiliza el apelativo tradicional en kikamba, bien porque su significado se comprende con facilidad (por afinidad lingüística), o bien por reivindicación étnica y como modo de reafirmar la identidad de parentesco, y por ende, clánica.

En lo referente a la naturaleza de los nombres tradicionales, desde las entrevistas y observación realizada, pudimos extraer diversos campos léxicos sobre los que se eligen losnombres, y que sintetizamos a continuación.

1. Contexto en el momento del nacimiento. En este caso, se distinguía con claridad algún acontecimiento relativo al parto.
    a. Momento del día (luz, noche, mañana)
    b. Fenómenos de la naturaleza (lluvia, niebla, sol).
    c. Circunstancia o momento concreto del nacimiento (demora en la concepción, periodo de embaraza más prolongado de lo que se esperaba,parto complejo y dilatado, etc.).
2. Lugar que ocupa en el orden de filiación.

a. Primogénito, que en ocasiones, lleva el nombre familiar, generalmente, el del abuelo.
b. Benjamín de la familia.
c. Nacido tras un hermano inmediatamente mayor fallecido, o tras un aborto. En este caso, se celebra especialmente el nacimiento como una bendición tras el dolor de la pérdida previa. De ahí que el nombre *katunge* se perciba como el perteneciente a una persona especial, porqueequivaldría a alguien que viene a reemplazar a quien ya no está.

Katunge means who is born back into the family again. In my case, there was a baby called Veronica Kiasyo. She was born before me. She had fever and malaria and died I days, I guess. You can imagine my family´s pain and suffering. Then, as other girl was born, in this case me, following our traditions, she must be called Katunge or Mutunge. It means that the girls who died, Veronica, in the case of my family, is born again in the family. It´sreason for joy. It´s like if she takes away sadness, and the family comes backto happiness

(Magdalena Katunge Kiminyú, comunicación personal, 12 septiembre de 2018).

3. Nombres relacionados con características del parentesco específico de la unidad a la que pertenece; o personales de los progenitores. En ocasiones, en estos casos, se pueden percibir con un cierto tono despectivo o en clave de compasión[16].
4. Animales. Éstos se usan como característica del recién nacido, percibida antes del parto, o para alejar maldición. De igual manera, ante niños que han nacido muertos, o que aparentemente lo estaban. De esta manera, se aleja el *mal espíritu*. Además de esto, es una forma de reservar los nombres percibidos como mejores para los posteriores hijos. En la interacción con la familia y el clan, todos habían oído hablar de este fenómeno, y así lo reprodujeron. Pero no conocían a nadie en la actualidad que tuviese ese nombre.

> Nguku Mbuku. No. I Heard once in my clan. But that´s strong. To call a son *Nguku*. Even worst *Mbuku*. You won´t find respect. That´s not actually such a common issue. You must think twice (…)[17] do (Mwaitu, comunicación personal, julio de 2017).

5. Expectativas puestas sobre el recién nacido. En este caso, se proyecta sobre el neonato el deseo, anhelo o intención de los padres. Al igual que sucede con la anterior categoría, estos nombres son mucho menos frecuentes, aunque también se hallan vigentes.

De la observación y las conversaciones obtenidas, se deriva que el nombre asignado se interpreta como una característica que va a acompañar a la persona durante toda su vida, condicionando su destino, influencia entre los parientes más inmediatos y la comunidad, y a su vez, forma de ser. De hecho, algunas ancianas comentaban que, antes de nacer, el bebé le sugería a la madre su nombre. Y si ésta no lo

Tabla 3. Nombres comunes dados a los recién nacidos		
Mutuku	**Katuku**	Nacido/nacida durante la noche
Kioko	**Kiloko**	Nacido/nacida durante la mañana
Mutuo	**Mutua**	Se hizo esperar para nacer
Makunbi* Muli Muthinda	**Katee*** **Muthike** **Muthindi/Indinga** **Mwikali**	Tardó en nacer
Kyalo*		Nació durante el viaje
	Mueni	Nació en presencia de visita
Wendo	**Mwende**	Quien es amado/a quien se da amor
Mbua/Kimeu	**Mumbua**	Nació durante el tiempo de lluvia
Katunge/Ndunge/Mutunge	**Kasyoka/Musyoka/Mutunga**	Vino a reemplazar al que murió y a restaurar la alegría
***Fuente*: elaboración propia basada en la observación participante.** ***Se corresponden con nombres que para los que no se ha encontrado femenino, o que no tienen traducción al inglés.**		

escuchaba, se hacía notar esta voluntad por medio de hechos y acontecimientos de mayor envergadura. De ahí que, el destino de ese nacimiento, se mostrara a menudo mediante situaciones bruscas, hechos de la naturaleza concretos o visitas inesperadas.

A continuación, presentamos algunos otros nombres que aparecen con menor frecuencia, y que refieren a las cuestiones que hemos indicado con anterioridad.

Tabla 4. Nombres relacionados con animales o con expectativas que se sitúan en el recién nacido	
Munyambu	León
Nguku	Pollo
Mbuku	Liebre
Ngiti	Perro
Mbiwa	Zorro
Kitonga	Será fuerte
Mutongoi	Para ser líder
Muthui	Rico
Mumbe	Hermosa
Fuente: elaboración propia	

Tal y como se indicó previamente, estas formas de denominar a los menores no se encuentran con frecuencia. Tan sólo se ha podido conocer a un varón llamado *Muthui*. De igual modo, ninguna persona de las entrevistadas o con las que se tuvo conversaciones conocía a nadie que llevara un nombre particular: *Msumbi* (rey). Pero es un nombre, según se deriva de lo compartido, que se reserva para personas con un liderazgo que vayan a llevar a cabo acciones determinadas, encaminadas a la liberación o la transformación colectiva del pueblo.

Como ya hemos señalado con anterioridad, podemos observar cómo los nombres establecidos, de carácter más frecuente, se hallan ligados a lo cotidiano. Este aspecto no excluye dos elementos que deben destacarse. De un lado, la existencia de nombres que no son en sí tan frecuentes y que describen aspectos que se desplazan de lo corriente. Por otro lado, lo cotidiano es relevante para la vida de la comunidad. Son situaciones, momentos, objetos o elementos de gran frecuencia en la vida de los kamba. Pero esto no resta que sean, de igual modo, que sean condicionantes en sus vidas y en sus formas de relación interna y externa. Si tenemos en cuenta la costumbre de otras comunidades étnicas del país como los luhya, el carácter único y exclusivo del nombre tiene tal estatuto ontológico quela persona no lleva apellido o nombre familiar. Junto al nombre cristiano, se coloca el otro. En muchos casos, incluso carece de un significado concreto o bien éste se revela en un momento de la vida que pueda ser considerado como crucial o vital para quien lo ha otorgado. En este sentido específico, esta característica podría recordarnos a la perspectiva relacional de los nombres que Geertz (2003) describió en sus reflexiones y clasificaciones etnográficas. No obstante, no es el caso de los kamba, quienes parecen llevar a cabo una lectura con tintes trascendentales de los aspectos más arraigados a lo cotidiano. En cierta medida, se percibe en muchos de los acontecimientos del día a día una cierta "ruptura de nivel" que sacraliza lo corriente, si bien esa *sacralización* se halla desprovista de religiosidad. Este hecho se demuestra en una característica a tener en consideración: desde la irrupción del cristianismo, el primero de los nombres que la persona tiene, tanto a nivel legal como religioso, es cristiano. Aunque, como hemos indicado, el uso de éste se reduce en el contexto del parentesco y de la comunidad, en favor del nombre tradicional kamba que se dio al nacer (Kitetu y Kioko, 2013).

3.2. Nombre, modo de relación y sistema de parentesco

Lo que no se nombra no existe

(George Steiner)

Como se ha indicado y descrito, en el seno del propio sistema de parentesco, la forma de nombrar a una persona desde su nacimiento condiciona en parte los modos de relación y supone toda una seña de identidad. El hecho de que se otorgue un nombre relacionado con lo cotidiano podría indicar, al mismo tiempo, la consideración extraordinaria de lo ordinario. Lo cotidiano, la vida misma, los momentos y acontecimientos son una celebración manifiesta de la misma existencia. Hay una verdaderadeclaración de intenciones a la hora de manifestar qué aspectos se consideran cruciales enel día a día y qué expectativas tiene la comunidad en referencia y relación al individuo (Hobley, 2021; Osborne, 2015). Aunque se podría pensar, siguiendo las pautas de numerosos autores, que manifiestan la disolución del sujeto en el grupo debido a "la variedad de experiencias", no obstante, existen una serie de elementos que impiden la disolución absoluta de la identidad y que anclan al sujeto a una determinada identidad personal, aunque de forma problemática, conflictiva, matizada y cambiante" (Revilla, 2003, p. 54). No podemos dejar de lado la problematicidad en sí del concepto y del contenido identitario, tanto a nivel individual como en el grupo. Y de las polémicas y conflictividades que podemos encontrar en el proceso de cierne de la identidad, tanto personal como grupal. No se puede olvidar la profunda relevancia que posee el grupo, y en este caso, en el contexto del núcleo familiar (cercano y amplio) que pone de relieve "el enredo de las identificaciones se procesa en la escala de la vida concreta, práctica, local" (Díaz de Rada, 2008, p. 208). Las estructuras de parentesco, como consecuencia, se hallan sometidas a las relaciones entre sus miembros. Persona y grupo establecen relación en función de múltiples factores, entre los que la identidad se constituye en una pieza clave. No obstante, y siguiendo a Radcliffe-Brown (1982), "la actitud y el comportamiento de una persona para con un pariente determinado se ven afectados no sólo por la categoría a que éste pertenece", sino que también hay un elemento que no puede dejarse de lado y que condiciona la estructura relacional: "el grado de cercanía o distancia de la relación de parentesco" (p. 20).

No obstante, no podemos dejar de lado que es, en el contexto de las estructuras más cercanas de parentesco donde la identidad parece vacilar entre estas dos cuestiones que planteaba Revilla (2003): el anclaje del sujeto a su identidad y la disolución de ésta en el grupo más inmediato. Desde el sistema de parentesco específico, se otorga un nombre a la persona. Ésta ocupa, a propósito de este hecho, un lugar en el grupo, aunque desde un papel activo dinámico y cambiante. Por otro lado, lo habitual es que dentro de esa estructura de parentesco que denominaremos en este caso *familia*, la comunidad y el clan, se mantenga ese nombre de nacimiento tradicional. Si bien, según lo observado, esta cuestión se muestra como relativa, ya que a veces, por costumbre, o al crecer, por deseo delsujeto, se le refiere o dirige con el nombre cristiano, y no el kamba. En cualquier caso, también se ha observado que, en contextos concretos, como visitas, encuentros tras mucho tiempo, o parientes de mayor edad, se sigue recurriendo a la denominación *tradicional*.

Llegados a este punto, y tras las descripciones que hemos llevado a cabo, resulta lícito referir y reflexionar sobre un asunto de relevancia significativa en las relaciones de parentesco que se establecen entre los kamba de Kenia: ¿Quién o quiénes otorgan el nombre al recién nacido? ¿En qué miembros de la familia recae esta responsabilidad manifiesta de consecuencias significativas para la persona, sus parientes, la comunidad y elclan? El sistema patrilineal que constituye la estructura de parentesco de los kamba no excluye que las relaciones con la mwaitu sean condicionantes en aspectos muy relevantes de la vida social, de la identidad y del desempeño en la comunidad. No se trata, en este caso, de la perspectiva que otras tribus bantúes vecinas establecen en referencia a la matrilinealidad. Como Fortes subraya (en Clidfford, 1982), los sistemas matrilineales de algunas tribus bantúes del este de África sólo consideran como pariente real a la madre, porser la que otorga la filiación. Esto se complementa con un lazo indisoluble y profundo entre la persona y su progenitor, si bien éste es de carácter espiritual. De la observación de los kamba, no obstante, no se puede decir lo mismo. Al tratarse de un claro sistema de parentesco patrilineal, la filiación procede del padre. Por su parte, la madre (mwaitu) establece ese vínculo por medio de los procesos de enculturación, cuya perseverancia en el seno de la comunidad depende de su educación. Este hecho se ve especialmente potenciado y favorecido por un aspecto que reviste gran interés en nuestro caso: la asignación del nombre al nacer. A pesar del sistema de parentesco patriarcal, en el que la herencia, decisiones de relevancia y representación interna y externa viene de la mano del padre, estacircunstancia de carácter estructural no resulta incompatible con el hecho de que sea la madre quien decide el nombre del recién nacido en relación a la circunstancia cotidiana que hemos descrito con anterioridad. De acuerdo con distintas etnografías a lo largo de las últimas décadas (Muthiani, 1984; Mortimore y Tiffen, 1995; Waila, 2012), se ha mantenido la tradición de que sea la mujer quien decide el nombre. De igual modo, derivado de la observación directa, se ha mantenido la celebración denominada ngima, enla que se atribuye el nombre, siendo la que lo otorga quien ha dado a luz, en ocasiones, conel apoyo o consejo de la mujer (familiar o dedicada a ayudar a dar a luz) que asistido en el parto. Los preparativos de la celebración corren a cargo del padre que, finalmente, acepta el nombre otorgado al recién nacido que comunica la mujer.

En relación a esta circunstancia, hemos de poner de manifiesto una serie de elementos:

- El nombre, si bien puede considerarse como circunstancial, en su relación con esa cotidianidad de eventos de la que nos hemos hecho eco previamente, sitúa al nuevo miembro de la comunidad en ésta y en relación directa a su sistema de parentesco.

- Según se informó, la ceremonia del nombre, a la que acuden miembros de la familia extensa, de la comunidad y del clan, se torna en un gran acontecimiento. Se halla de fondo gran parte de la idiosincrasia que determina la cosmovisión kikamba. Entre el tercer y cuarto día tiene lugar esta celebración y con ella, el recién nacido se convierte en un miembro pleno de la comunidad. Por tanto, el nombre es crucial a la hora de condicionar las relaciones de parentesco. Por otra parte, antes de recibir el nombre, el recién nacido no se considera una persona en sentido estricto, sino un espíritu que aún no forma parte directa de vida de los kamba. Nombrar implica incluir. Debido a los dos factores circunstanciales que hemos indicado, y que se tornan en estructurales, se da un vínculo perenne entre la madre (mwaitu) y el recién nacido. Si bien el aspecto más legal procede de la estructura patriarcal, como es la trasmisión del apellido o nombre familiar, la trasmisión de los elementos más espirituales procede de la madre. Es, por ello, que el vínculo que se establece se puede considerar imperecedero, a pesar de tratarse de un sistema de parentesco patrilineal. La conexión con el clan, y con las que podrían denominarse como estructuras de carácter más social, procede del padre. Pero los procesos de enculturación, que tradicionalmente se llevan a término por medio de la crianza, que incluye la transmisión y asimilación de lengua, principios, creencias y valores, son ejecutados por medio de la figura materna. Esta relevante enculturación, crucial para la perseverancia y preservación de la identidad étnica y supervivencia de los propios elementos que caracterizan a la tribu kamba, incluye un factor medular: la asignación del nombre tradicional.

Desde la manera de dirigirse y denominarse, así como desde el significado de ésta, podríamos afirmar, aun cayendo en el peligro de tender "*siempre* a percibir y definir sujetos compactos, claramente definidos, y por tanto, demasiado groseros para el examen etnográfico de los agentes y sus prácticas" (Díaz de Rada, 2008, p. 216), que la familia nuclear parece constituir el elemento fundamental desde el que parten el resto de redes de relación. En cualquier caso, y de igual modo, la familia extensa también se torna en una red de relevancia, al igual que el clan al que se pertenece. Los lazos de solidaridad y la unión de sus miembros pueden llegar a ser, con frecuencia, muy intensos. Y por otro lado, se establecen modos de relación, roles y muy demarcados en el seno de las estructuras de parentesco de los kamba (Díaz Delgado Raitala, 2016).

Como parece lógico, el nombre kamba es el elemento de nexo y unión entre los parientes a muchos niveles. Pero de manera igualmente evidente, hay una forma de dirigirse, según el pariente. Este hecho se hace extensivo no sólo al núcleo estructural de parentesco más básico, sino también al clan[18]. I

magen 4. *Estructura de parentesco elemental* kamba de Mbui, Mwuala (Machakos)

Fuente: David Caballero

Tabla 5. Estructura de parentesco y clánica. Términos básicos

Mbai	Clan
Familia	Musyi
Tata	Padre-cabeza de familia
Mwaitu	Madre
Usua	Abuela
Umaa	Abuelo
Mwendw 'au	Tío paterno
Inaimiwa	Tío materno
Mwendy a	Tía materna
Wa-asa	Primos paternos
Wa mwendya	Primos maternos
***Fuente*: elaboración propia**	

Se ha de indicar que, derivado de la observación participante, se puede subrayar la relevancia de la familia entre los kamba, constituyendo el núcleo de estructuración social central del que parten todos los demás sistemas de relación, aunque, como describiremos posteriormente, el sentido de pertenencia *clánico* y comunitario otorga arraigo.

La tradición marca que la familia kamba siga un sistema patrilineal, como ya se ha descrito. Por ello, la transmisión del apellido, las posesiones y las decisiones se dan por línea paterna. De igual modo, existe una escisión de roles que separa género en cuanto a los papeles que cada uno juega en las labores familiares y modos de relación social. No obstante, debemos profundizar considerablemente en esta cuestión, ya que hay ciertos aspectos que tienen que analizarse para comprender, al menos de forma parcial, la estructura de parentesco que se establece entre los kamba de Mwuala; y por extensión, en el resto de comunidades kamba que, al menos, se identifican o sienten partícipes de un mismo clan. A pesar de que, como hemos ido indicando a lo largo de la presente etnografía, la figura de *mwaitu* tiene una relevancia significativa en las relaciones de parentesco y su peso comunitario resulta de gran valor, esto no implica que nos hallemos ante una circunstancia que se dé da con relativa asiduidad entre tribus cercanas de la región: la matrilinealidad. La estructura de parentesco de los kamba se fundamenta en la patrilinealidad (LeVine, 1973; Owuor y Kisangau, 2006; Lambert, 2018). El sistema de producción de las comunidades kamba de la región del país conlleva en gran medida que esta estructura de parentesco tenga vigencia (Cadigan, 1998; Fouts et al., 2021). Como LeVine (1973) afirmó, en uno de los primeros análisis etnográficos comparativos y contrastivos llevados a cabo en la región, “the association of animal husbandry with men, even where it is not a dominant subsistence activity, exceeds that of other regions of world” (p. 125). No se trata de una única razón en origen. Se puede afirmar que muchas son las causas que convergen para la concreción de un sistema patrilineal arraigado. Sin embargo, la economía de subsistencia ha determinado el acceso a la tierra, la posesión deganado y la transmisión tanto de bienes materiales como de sistemas de valores ycreencias. En el caso del los kamba, como sucede con algunas de la mayoría de lascomunidades étnicas con las que comparten territorio, la patrilinealidad y, la prevalencia de la costumbre de matrimonio en relación a la patrilocalidad se tornan en la tónica. Es cierto,como hemos indicado con anterioridad, que determinadas tribus con la que los kamba comparten territorio siguen un sistema matrilineal, y en casos muy excepcionales, bilateral.

A pesar del arraigo a determinadas creencias y comportamientos, se puede indicar que la familia kamba se halla en pleno proceso de cambio, de transformación, por lo que hay una brecha generacional fácilmente perceptible entre las nuevas generaciones y las más veteranas. Como Moghadam (2004) señala, "modern family has two main functions: to socialize children into society's normative system of values and inculcate appropriate status expectations, and to provide a stable emotional environment" (p. 137). Esta simple descripción que parece obvia, rompería principios esencialistas que determinan el biologicismo como base de los órdenes socio-familiares, y refleja de manera muy evidente el proceso de transformación que están experimentado los kikamba, y que como afirman Wamue-Ngare y Njoroge (2011), no proyectan sino un auténtico "gender Paradigm Shift within the family structure" (p. 10). A pesar de estos procesos de transformación, y de la perspectiva nueva que está tomando la familia en este contexto, que en ocasiones toman uncariz comunitario (Muthuki, 2006), los roles que podrían considerarse como *tradicionales* aún se conservan en clave de este patriarcado. Este hecho se refleja en varios aspectos que se han podido derivar de la observación participante:

1. Relativo a la administración del hogar y su economía. Aunque ésta corre cargo dela mujer, es el *tata* quien proporciona la mayor parte de los ingresos. De igual manera, se considera que éste es quien realmente sostiene el hogar, aun en casos en los que la mujer es la que tiene un empleo y proporciona la entrada de ingresos[19].
2. La toma de decisiones importantes. Cualquiera de éstas suele estar a cargo del padre de familia. Si bien existe un diálogo en torno a éstas, también es cierto que secomunican por vía paterna. En las decisiones relativas a los hijos, éstas descansan sobre el patriarca, aunque la labor de *mwaitu*, esto eso, la madre, no sólo es de mediación, sino de una clara influencia condicionante sobre el esposo. De todos modos, se justifica la cuestión habitualmente en que la última palabra reposa sobre el esposo. De ahí, que cuando se dan situaciones de negociación intrafamiliares, interfamiliares o comunitarias, se recurra a preguntar sobre qué decisión final ha tomado el *tata*.
3. Propiedad y posesión. La herencia de la propiedad se da, de igual forma, por la línea paterna, aunque se ha de tener en consideración que este hecho no exime de que la mujer pueda ser propietaria de tierras o

bienes. La transferencia de propiedades a los hijos puede darse por línea materna, en caso de viudedad

La costumbre del matrimonio. Primeramente, y teniendo en cuenta que no pueden emparentarse miembros del mismo clan, como describiremos con posterioridad, la pedida de mano implica la entrega de una dote al padre de la familia que vincula el precio pagado al valor que se da a la futura esposa. El acto de petición incluye un protocolo de intervenciones de cada uno de los participantes, la declaración de intenciones y el pago de la dote. Aunque los padres realizan diversas preguntas sobre las intencionalidades del pretendiente, es el padre quien lleva a cabo el monopolio conversacional y las cuestiones más comprometidas. De igual forma, sobre él recae la responsabilidad de dar la última palabra sobre el compromiso.

4. Patrilocalidad: instalación de la mujer en la tierra en la que el esposo ha nacido y reside. Tras el matrimonio, la pareja habitualmente vive bajo el techo del esposo y su familia. En algunas ocasiones, se puede destacar que se ha observado una situación completamente inversa, en la que es el hombre es el que se ha ido a vivir junto a la familia de la esposa. Pero esta situación está socialmente mal vista y en algunas ocasiones, se justifica por la falta de medios[21]. En la comunidad en la que llevamos a cabo el presente análisis, se reportaron dos casos que habían acontecido recientemente. En el primero de ellos, se daba una asimetría económica significativa

entre ambos esposos, siendo la mujer la que pertenecía a una familiade importantes posesiones territoriales. El sistema de pedida, dote e invitación de los miembros de la comunidad a los actos ceremoniales de compromiso se omitieron por expreso deseo de las familias. En este caso específico, todas las referencias a la vida del matrimonio tras la celebración del oficio religioso se evitaron, por presunto decoro de la familia. Se percibió como una ruptura de orden establecido y los comentarios en la comunidad de Mwuala fueron frecuentes.

El segundo de los casos, siguió el procedimiento general de pedida, dote y ceremonias. No obstante, el esposo se fue a vivir a casa de los padres de la esposa. La justificación se fundamentó en cuestiones económicas, pero, especialmente, enla relevancia que la familia tenía dentro del clan al que pertenecía la novia. En este caso, no se procedió al ostracismo que había caracterizado al primero.

Hemos de subrayar que, a raíz de la observación, se manifiesta una aparenterelajación en las costumbres que se han descrito respecto de la pedida y formalización del matrimonio, incluso en los espacios más rurales. Por otro lado, los núcleos urbanos tienden a diluir determinadas costumbres, adaptándolas a los contextos y las nuevas necesidades.

En lo concerniente a la función de la mujer, es necesario subrayar que ésta se muestra como el pilar de la familia en lo referente a los procesos de enculturación, entendida ésta como la transmisión de la lengua, las creencias, costumbres y tradiciones (LeVine y Norman, 2001). Podríamos indicar, a grandes rasgos, que aunque ambos progenitores intervienen en la adquisición de los principios básicos que rigen las reglas de relaciones de parentesco y comunitarias, es en la *mwaitu*[22] en quien recae el peso de la responsabilidad más directa e inmediata, como ya hemos indicado con anterioridad. Entre las funciones que se atribuyen desde las expectativas familiares y grupales sobre la madre, se pueden señalar las siguientes:

1. Crianza de hijos. Enculturación. Por tanto, se incluyen todos los procesos de visión de lengua, valores y principios fundamentales que se perciben como esenciales en el contexto de la comunidad étnica.
2. Labores domésticas, que se relegan, en términos generales a la madre, las hijas y las nueras. La coordinación de estas actividades es llevada a cabo por la *mwaitu*. En caso de convivir varias generaciones, se tiene en consideración otro criterio de relevancia: la ancianidad. Ésta otorga autoridad e infunde respecto en el resto de los miembros de la familia. En el caso concreto que analizamos, ante la viudez de *Mwaitu*, ella es, por experiencia, edad y papel en la familia, la que toma las decisiones importantes, tiene la última palabra, y el verdadero *espíritu* de la familia. Esta percepción es bilateral, tanto por parte de ella, como del resto, quienes tienen plena conciencia de esta circunstancia.

3. Trabajo manual. No se puede olvidar que la mayoría de las familias kamba se dedican a la agricultura. Como campesinos, y en el contexto de una economía de subsistencia, *Mwaitu* y el resto de las mujeres, colaboran activamente en las laboresdel campo, esto eso, siembra, mantenimiento y recolección. El trabajo resulta, por ende, arduo, al combinar muy diversas tareas y de gran dureza.
4. Oraciones y peticiones de alcance familiar. Existen rituales y celebraciones que combinan creencias del pasado con las estructuras religiosas más difundidas y presentes en la actualidad, en especial, las respectivas doctrinas católica o evangélica. Ante las distintas maldiciones, la ausencia de lluvias, la incursión en el hogar de serpientes u otros animales que pueden generar, *Mwaitu* es la encargada habitual de las oraciones adecuadas para el momento. En la actualidad, la familia kamba se halla condicionada por la pertenencia a una parroquia o iglesia. En este sentido, se debe a sus sistemas de creencias o liturgias. Pero este hecho no implica la generalización de determinadas fórmulas que han perseverado a lo largo del tiempo y que, con frecuencia, han sido trasmitidas de forma oral por vía materna.
5. La sucesión. Este es quizá uno de los aspectos más llamativos a la hora de tener en consideración para su análisis. Como hemos indicado, la patrilinealidad de parentesco kamba excluye, al menos parcialmente, la intervención de la mujer en distintos contextos

sociales. De igual modo, a priori quedaría fuera de los procesos de herencia, titularidad o representación. Es cierto que hemos indicado que la mujerpuede heredar, y de hecho, hereda bienes de sus progenitores. La cuestión estaría en este caso en analizar y determinar qué rol desempeña en el caso de enviudar. En este sentido, y condicionados en parte por distintos factores muy divergentes entre sí, se han observado tres respuestas. La primera de ellas, en caso de que el matrimonio tuviera hijos solteros adultos, el primogénito ocupaba la posición del padre como cabeza de familia miembro representante en todas las facetas posibles. La segunda respuesta se fundamentó en el regreso de la viuda junto a sus hijos menores, a vivir con sus padres. En cualquier caso, se observó que esta circunstancia estaba muy mal vista y se justificaba, a ojos del clan, sólo en

determinados casos de los que se desprendiera una fragilidad social destacada. El tercer caso, que es el que más se observó y que se dio en el contexto de la familia de referencia con la que conviví, fue el de asumir las funciones del esposo fallecido en todas las facetas de la vida personal y social. En este caso, bajo la sempiterna afirmación de los hijos de "she is now our father", se recurría a mwaitu para todas las situaciones que se dieran en el ámbito doméstico. De igual modo, cayeron en sus manos todos los títulos de propiedad de tierras, producción de ésta y las decisiones sobre la transferencia de los bienes en el momento de su fallecimiento. Este hecho de la sucesión se vio ratificado por varias circunstancias:

a. Ante las reuniones de la comunidad, las juntas de municipalidad o los asuntos legales se recurría siempre a mwaitu para que asistiera con voz poder de decisión.

b. Se dieron dos circunstancias adversas, relacionadas con dos maldiciones que se volcaron sobre la comunidad. Los kamba toman muy en serio este tipo de actos de brujería se ven totalmente condicionados y paralizados por sus presuntas consecuencias. Por tanto, se sitúa como una prioridad absolutaresolver estos casos, para los que se debe acudir a los ancianos del clan. Sólo ellos, por su sabiduría, experiencia y cualidades son capaces de afrontar y dar pautas para resolver estos conflictos. En las dos circunstancias, fue mwaitu, como cabeza de familia y representante de toda la comunidad, a visitarlos. La distancia era muy considerable, al igual que elcondicionante de edad. Sin embargo, los ancianos sólo permitían que ella fuera la intermediaria y ejecutora de los remedios respectivos. Este papel hubiera correspondido, en caso de estar vivo, al padre.

c. Las autoridades, dentro de un plan estatal de desarrollo y salud, visitaron Mwala. Los padres de cada familia de la comunidad de Mbui fueron convocados a la reunión. Las dos únicas mujeres que fueron invitadas y tomaron parte de este evento fueron, precisamente, las dos viudas de Mbui que han asumido este papel activo.

El caso de la mujer como relevo para la sucesión no es único entre los kamba. Distintos grupos, en mayor o menor medida, fundamentan sus estructuras de parentesco de manera similar. En el caso de comunidades étnicas de estructura matrilineal, parece más evidente que esta circunstancia se dé con mayor frecuencia (Radcliffe, 1983). No obstante, esto no siempre es así. Del mismo modo, también en sistemas patriarcales se dan actitudes de gran similitud o, incluso, podrían ser tildadas, dentro de los límites del posible juicio etnográfico, de más radicales. Uno de estos casos, siguiendo a Carrier y Murray (1998) y Cadigan (1998), sería el de los *lovedu*, quienes tienen la costumbre de convertir a la viuda en el esposo y cabeza de familia, llevando a cabo todas las funciones del difunto. Se llega hasta tal punto que la esposa que ha asumido el papel de marido, habitualmente la primera en las familias donde se da la poligamia, se convierte en el esposo del resto de las mujeres. Dentro de este sistema de parentesco, esta esposa es considerada por todos como un hombre, como el marido que viene a ocupar el vacío del que ha fallecido. Hemos de comprender que, entre los kamba, no se llega a este punto. Mwaitu continúa siéndolo y si algo se reivindica, desde todos los frentes, es su feminidad y maternidad. Pero, a niveles prácticos sí asume todos las características del esposo y por ello, se describía habitualmente como ese *nuevo padre* al que de correspondía estar al frente de la familia.

La asunción de roles de género se muestra como una evidencia dentro de los kamba, algo asumido y lógico en la transmisión de una generación a otra. No obstante, esta cuestión resulta relativa entre las nuevas generaciones, en especial, en los ámbitos más urbanos, en los que se está procediendo a un proceso de transformación y relativa aculturación. Aunque se da una brecha significativa en el acceso a la educación y los años de escolarización entre hombres y mujeres, se observa un mayor interés por parte de las familias en la formación de las mujeres. No se puede olvidar que este acceso a los centros educativos. La matriculación, materiales, distancia y dificultades de movilidad en los periodos de lluvias conllevan que si hay que optar por la escolarización, se continúe dando prioridad a los hijos sobre la educación de las hijas. La contribución a la economía familiarse convierte en un factor rector a la hora de optar por la educación de los hijos y sus respectivos procesos de formación. En caso de familias observadas con una economía más holgada, la escolarización se muestra como una prioridad. En el caso de las mujeres, se suele optar finalizar la primaria y la secundaria, para así poder acceder a algún módulo de profesionalización breve que dé acceso al mercado laboral emergente. Enfermería, maestroprofesional y ventas suelen ser las opciones más frecuentes. En el caso de los hombres, se intenta una mayor formación[23]. No obstante, no se puede dejar de lado que los kamba son un pueblo principalmente dedicado a la agricultura, y la tierra es un aspecto fundamental para ellos. La propiedad, por mínima que sea, es indicio de riqueza, grandeza y sobre todo, arraigo. En ocasiones, por tanto, tras el periodo de formación, es frecuente la vuelta al seno familiar para hacerse cargo de las tareas respectivas. No obstante, se puede indicar que, en parte de las familias kamba, esta circunstancia se halla en proceso de cambio. Como bien hemos destacado, si algo caracteriza a este colectivo es la adaptabilidad y flexibilidad, por lo que la *remodelación* y constante proceso de reformulación se han mostrado como una constante entre este grupo bantú.

En un sentido parecido, se sitúan los clanes, como ya apuntábamos. Los clanes (*mbui*) son estructuras amplias que de otorgan sentido de pertenencia, de origen y de referencia (Middleton y Kershaw, 2017). Se han de señalar, a este propósito, varios aspectos que se han derivado de la observación en el trabajo de campo:

a. Conciencia de *familia paralela*. Esta afirmación puede resultar controvertida, puesto que parecería ir casi en contra de lo que a priori consideraríamos que es un clan como término cargado de contenido significativo. En este sentido, y como referiremos con posterioridad, se da una discrepancia, al menos parcial, entre lo que la antropología y las ciencias sociales en general han definido y como clan y las impresiones, respuestas y observaciones obtenidas directamente de los informantes. Cuando se presentan los miembros del clan respecto a los de la familia, lo hacen denominándose desde un parentesco (padre, madre, hermano, hermana, tío, sobrina, etc.). Esto se muestra desde un paralelismo que manifiesta el origen común de los miembros del clan, un tronco común de antepasados que los emparenta y que los une de forma inherente (Bailey, 2005).

b. A propósito de lo que hemos desarrollado en el punto anterior, resulta de interés detenernos con un poco más de profundidad en una cuestión medular: la conciencia y reconocimiento de los miembros del clan comoparte de los descendientes de un origen común. Este sentido de fondo conlleva una obligación inexcusable y que no puede ser relativizada bajo ningún pretexto, esto es, la prohibición de emparentarse con familiares del mismo clan. Como señalan Middleton y Kershaw (2017) y Radcliffe (1983), la exogamia tiene una gran importancia en gran parte de las comunidades bantúes de África. Se determina, según la costumbre, que el matrimonio no puede ser posible entre miembros del mismo clan. El reconocimiento de clanes, como parte de una descendencia común

patrilineal con un origen común determina que las estructuras de parentesco se hallen condicionadas por este factor. De un lado, se da un reconocimiento de la línea de descendencia compartida que se fundamenta, de igual modo, en tener sangre originaria común. Este principio, en realidad, se suele apoyar en principios míticos, pero que han quedado en la costumbre de los kamba como una ley cuyo quebranto no se concibe. La misma narrativa oral colectiva ha considerado el nacimiento de niños y niñas albinos o síndrome de Down como una maldición que ha podido tener origen en la brujería que han podido verter sobre los padres, o bien, en la ruptura del principio de exogamia que se considera como inquebrantable. De las entrevistas y conversaciones con algunos de los ancianos, se deslizaron algunas historias relacionadas con la cuestión y que la comunidad, el clan y partede la tribu, consideran como un verdadero dogma. Es posible, en contraste con los datos obtenidos de las entrevistas, la observación sistemática y el estudio de la literatura científica al respecto que la causa de esa cierta conciencia de parentesco extenso que se comunicó por parte de los miembros de la comunidad kamba de Mwuala responda a ese conjunto de reglas de se fundamentan no sólo en el origen mítico común compartido (carácter más sacralizado), sino en la regla básica que hemos descrito (exogamia). Ya hemos indicado que la línea de sangre, por origen común compartido, es el origen del clan. Pero no podemos dejar de lado el componente mítico al que hemos hecho referencia. Esto conlleva que los ancianos del clan se consideren, según se informó, como poseedores no sólo de la sabiduría y los principios de la tradición que sólo unos cuantos poseen; también se les atribuyen cualidades de índole prodigiosa por ser considerados los herederos directos de la autoridad mítica de la que partió el clan.

You cannot marry to someone of your clan. It is like if you marry to a sister to you. You must marry one woman of a different clan. We are siblings, parents, daughters, sons. It is mandatory to respect that. It is an offence, and insult to the Lord (Rose Kiminyú, comunicación personal, agosto de 2017).

c. En este contexto, lo clanes han contribuido a la cohesión social y cultural. Pero, de igual modo, a la diversificación del grupo. Al ser un referente, se mantienen normas específicas y modos de relación. Del mismo modo, hay una unión basada en los antepasados que se sigue manteniendo en el presente, y que, existan o no relaciones directas, preservan una unidad, en ocasiones, virtual o utópica. El clan, de una manera u otra, constituye una base de interacciones hacia redes sociales más amplias, a pesar de las limitaciones (Wijeyewardene, 1990).
d. Por el conjunto de características que se han descrito, entre los kamba que se han observado, el clan se entiende desde la perspectiva de una unidad más amplia y superior de origen (González, 2008; Martínez, 2008), y que se distancia del término tribal que se encierra "en algún conjunto de objetivaciones externas" (Díaz de Rada, 2008, p. 201) y se inserta más en una perspectiva de lazos de parentesco amplio, y a menudo, difusos. Pero que no por ello le restan autenticidad en el sistema de relaciones, unión y

solidaridad en momento de dificultades. Al basarse, al menos de forma presunta, en una conceptualización que tendrían que ver más con el reconocimiento de un mismo linaje u origen, su estatuto ontológico en relación a la persona y sus parientes directos es indiscutible (Álvarez, 2011; Gené, 2009). Se constituyen en referente y dan sustento identitario.

e. Por lo que se ha derivado de observaciones y entrevistas, la forma de dirigirse dentro del clan entre los miembros de éste es por medio del rol de parentesco que tienen. Pero siempre se utiliza el nombre kamba relacionado con el nacimiento, al que hacíamos alusión en el apartado anterior. De ahí la relevancia que posee en el ámbito de las relaciones de parentesco, clan y tribu.

Tabla 6. **Denominación de distintos clanes akamba**

Atui	**Asii**
Amutei	**Akiimi**
Atwanga	**Aewani**
Akitondo	**Aombe**
Aethnaga	**Anzauni**
Aiini	**Akitutu**
***Fuente*: elaboración propia**	

Al preguntar por dos cuestiones sobre los clanes, se obtuvieron las informaciones que se presentan a continuación. La primera, referida al asunto religioso, dio como respuesta que los clanes pertenecen desde la colonización a una iglesia concreta, por lo quetradicionalmente, han sido católicos o protestantes. No obstante, hay algunos miembros que han empezado a formar parte de otras religiones, como el islam, aunque su carácter es minoritario. Además, otras iglesias como la controvertida Iglesia Católica Renovada de Milingo, que ha generado diversas divisiones en el seno de las familias y los clanes tradicionales kamba[24]. No se han observado que, por motivos de matrimonio, se hayan generado controversias por matrimonios mixtos entre clanes tradicionalmente protestanteso católicos[25].

La otra cuestión sobre la que se solicitó información a miembros de la familia fue lacuestión de la poligamia. Determinadas familias, al parecer, aún practican la poligamia, que ha sido una práctica muy extendida entre los kamba hasta la época de la colonización, puesto que "polygamy among the akamba was a sign of social prestige and wealth" (Kyalo, 2011, p. 74). En algunos clanes, de hecho, es algo que se ha mantenido a pesar dela imposición del cristianismo. No obstante, esta costumbre no parece gozar de gran prestigio, al menos, en lo que se refiere a su práctica descubierta. Sí se muestra como más frecuente y mejor integrada desde la aceptación social, la poligamia no institucionalizada, bien por medio de la práctica de tener una esposa oficial y diversas concubinas; o bien por medio de relaciones extramatrimoniales. La tendencia, por lo que se muestra desde la observación, es hacia una reducción considerable de esta costumbre. Es, además, destacable la dificultad con la que se trata la cuestión entre las familias que tienen miembros cercanos o del mismo clan que aún practican tanto la poligamia como lacircuncisión femenina.

> I don´t know anyone directly. I have heard that a sister to a relative of my dad
>
> Used to have two wives. But it was like a secret and all the family broke relations. Because it was something belonging to past moments. Thank God, the misioners came an taught us many things. We are not the way we are thanks to them (Mwaitu, comunicación personal, julio de 2019)[26]

De ahí la consideración de que son tradiciones que se hallan en retroceso. De la poligamia, sí se reportaron casos, aunque muy lejanos, y los entrevistados mostraron decoro por esta práctica. Sin embargo, en distintas conversaciones, se reportaron casos cercanos, incluso en la comunidad, que seguían con la práctica de la poligamia encubierta, aceptada sólo si tenía lugar en el ámbito de lo privado. La ocultación de la poligamia, no obstante, no implicó una práctica en sí clandestina, sino más bien, aceptada por los parientes y vecinos, aunque desde la actitud de silencio. No se hablaba de ello. Tanto la segunda esposa como sus descendientes carecían, al menos en el caso que conocí, del mismo estatus que la familia que podría considerarse como primera. Se daba, además, la paradoja de que el esposo compartía más tiempo con la esposa no oficial que con aquella con la que había celebrado matrimonio religioso. En cualquier caso, el conjunto de actitudes respecto a esta circunstancia y las impresiones que se derivaron de la observaciónparecen situar la poligamia en el ámbito de una práctica en claro retroceso y que carece de prestigio social.

Con respecto a la ablación, nadie conocía que esta práctica se hubiese llevado a cabo en tiempos recientes. Es más, entre los jóvenes, se mostraba como algo anacrónico, muy desconectado de la realidad actual. En cualquier caso, se describieron casos que habían tenido lugar en clanes distintos del propio y en momentos en los que la autoridad patrilineal marcada conductas muy estrictas. La opinión general sobre esta práctica fue muy negativa y se concebía como una costumbre impensable en el momento actual y en el contexto de Mwuala.

4. Algunas notas finales

Proceder a un acercamiento a un grupo étnico, con toda la problemática de este término que ya hemos indicado con anterioridad, que a priori resulta alejado y diferente a la perspectiva que podemos tomar como observadores, no se halla extensa de dificultades y limitaciones. Primeramente, debemos precisar las ideas de *grupo* y de *etnia*, se hallan en los lindes de la generalización que pueden dar lugar a las pretensiones holísticas de las que tratamos de huir, pero con las que a menudo nos topamos y nos dejamos seducir. No se puede dejar de lado, siguiendo a Díaz de Rada (2003) que "estas diversas imágenes de totalidad muestran hasta qué punto la aspiración metodológica del holismo está determinada por los modelos teóricos y morales de la cultura" (p. 237). No obstante, del encuentro y la convivencia con la familia kamba en el ámbito rural y en las relaciones diarias, hemos podido observar diversos aspectos que nos permiten, al menos, acercarnos a su vivencia y comprensión de las relaciones humanas y de los modos de relación con el entorno. A fin de cuentas, "la alteridad radical no es sino una ficción improductiva" y "el valor de las personas de nuestro campo no radica en ser *otros*, sino sencillamente en que son seres humanos" (Díaz de Rada, 2008, p. 202). Partiendo de esta premisa, que llevó a la reconstrucción significativa del trabajo de campo original, se ha pretendido, a raíz de la forma de denominarse a nivel de familia, y de los nombres kamba dados a la hora de nacer, comprender algunos elementos relacionados con las relaciones, el papel de los miembros de la familia, y sus nexos de conexión. De ahí comprendemos, tras la observación, que la familia constituye uno de los aspectos constitutivos más destacados en el contexto de la tradición kamba de la zona rural de Mwuala, una tradición, que por otro lado, ha estado sometida a un continuo y constante proceso de cambio, transformación, incorporación de elementos nuevos; pero al mismo tiempo, en cierne. Diversos estudios se han hecho eco de las relaciones familiares y las estructuras sociales entre los kamba de Kenia. Si tenemos en consideración los análisis llevados a cabo por Bwisa y Ndolo (2011) y Salinas et al. (2019), podremos señalar que se trata de las pocas investigaciones que sitúan a los kamba en la actualidad en un interesante ejercicio de confrontación entre tradición e influjo de modernidad. En el caso de Salinas et al. (2019), además, se sitúa la etnicidad kikamba en comparación con otras comunidades vecinas que habitan la región. No obstante, las divergencias con la etnografía que hemos llevado a cabo se sitúan en que, en nuestro caso, hemos incidido en la relevancia de las estructuras de parentesco. Y éstas, en relación a los nombres tradicionales que se otorga a las personas en el momento de nacer. No se hallaron análisis que tuvieran en cuenta estos aspectos

Cabría señalar, no obstante, que el dinamismo de la realidad conlleva que el análisis cultural sea, de igual manera, dinámico. Este hecho se constata en los distintos influjos e *interfecundación* mutuos de los diferentes colectivos. Por ello, la observación y el análisis de la familia kamba, en el contexto de su comunidad, nos permite, siguiendo a Clifford (1986) una "mirada oblicua", por medio del "método dialogal" (p. 45). De esta forma, el conocimiento de la estructura y los modos de relación, aunque condicionados por la perspectiva del investigador, se pone en relieve la *negación de la coeternidad* ("denial of coevalness", Fabián, 2002, p. 28). En esta dirección, Osborne (2014) y Luongo (2019) presentan un análisis de interés, al situar la perspectiva desde la raíz socio histórico de la etnicidad, en función de la descolonización. Resultaría de especial interés realizar una etnografía multisituada que tuviera en cuenta también estos aspectos históricos para comprobar, en la diacronía, los procesos evolutivos de la comunidad étnica kamba y su relación con otros grupos. Entre ellos, los *luhya*, *giguyu* y *masaii*. No podemos olvidar que la descripción que hemos ofrecido se basa en un momento determinado, en un espacio concreto, y con los condicionantes que responden a una evolución diacrónica, determinada por diversos factores internos y externos que han conllevado que los kamba hayan adquirido, en el contexto de la actual localidad de Mwuala, las características que presentan hoy. En cualquier caso, el contacto con la comunidad de Mbuini ha permitido conocer muchos elementos que se convierten en lo que son los akamba de la actualidad, al menos en este momento. El contraste con otros kamba, que viven en contacto con otros grupos distintos, o que viven en grandes ciudades como Nairobi, conlleva a considerar que hay elementos en común con los que los kamba se sienten identificados. De ahí que, el uso de la lengua materna vernácula, la observación de determinados principios y, en especial, la autodefinición y autoidentificación con este colectivo, también denominado por los propios kenianos como *tribu*, se tornan en los aspectos básicos de este colectivo. De todos modos, el contacto con estos kamba que se hallan *en la distancia* permite conocer elementos de convergencia y de divergencia con el *constructo* kamba en sí mismo. **Lugary espacio** y su conceptualización y definición en un mundo globalizado se tornan en una de las cuestiones clave para la comprensión de la situación global, de los elementos constitutivos de identificación en el controvertido dilema de los límites, imprecisos y cada vez más indefinidos entre lo regional y lo local. De ahí que Tsing manifieste que "we might stop making a distinction between "global" forces and "local" places", puesto que a pesar de ser muy seductora, no resulta sino una falacia que no se puede adecuar a la realidad, trazando "globalist fantasies" (Tsing, 2000, p. 352). De ahí que los elementos queaportamos a lo largo del presente análisis den sólo pinceladas parciales de una colectividad dinámica y en constante proceso de transformación, muy a pesar de su percepción de estatismo relativo y de características definidas. En esta dirección se sitúan estudios como Robertson (1997), Miller et al. (2009) y Krijtenburg (2017). El interés y la aportación que presentan muestran elementos que previamente no se habían considerado. No obstante, sitúan su estudio en un aspecto concreto y un contexto especifico. Por otro lado, hemos de tener en cuenta que una intencionalidad de amplitud mayor podría convertirse en una labor de pretensiones poco realistas para la labor etnográfica.

5. A modo de conclusión

El planteamiento de un trabajo de campo, tratando de seguir las orientaciones de la metodología de análisis e investigación etnográfica, conlleva dificultades de calado. No pueden dejarse de lado dos elementos de interés. El primero, relacionado con la misma dificultad. Al entrar en un contexto diferente, en el que el observador se torna, paradójicamente, en el observado, la participación puede tomar tintes artificiosos y perder la naturalidad que se pretende en todo análisis para lograr la objetividad (o al menos, la pretensión) que se desea desde la investigación. En segundo lugar, esta gran dificultad, incrementada por la traducción, no resta valor a cualquier etnografía que pretenda llegar a comunidades poco estudiadas o manifestaciones culturales que sólo son conocidas por comunidades cercanas. En el caso de los kamba, además, no existen demasiados estudios, en comparación con otros grupos de la región, tal y como los masaii o los giguyu. Además, las etnografías que se han tornado un referente respecto de esta comunidad étnica tienen cierta antigüedad, por lo que no se han considerado aspectos diacrónicos, relacionados con los procesos naturales de cambio que pueden tener los distintos colectivos, incluida la aculturación por distintas influencias o circunstancias.

Tras haber un trabajo de campo en tres etapas, y a pesar de las dificultades que se pueden derivar de toda construcción etnográfica, se ha de indicar que se ha llevado a término un primer acercamiento a la cultura de los kamba del este de Kenia, específicamente, los habitantes de una comunidad rural del condado de Machakos. Las barreras principales que se hallaron en este proceso se derivaron de las dificultades lingüísticas, la distancia cultural y la percepción recíproca de la *otredad*. Si tenemos en cuenta las afirmaciones de Cruces (1994; 2003), la traducción se convierte en uno de los principales límites del trabajo etnográfico. Se da un constante filtro, en formas de círculos concéntricos con capas superpuestas que encierran la barrera de la lengua propia, el conocimiento de la lengua a la que el etnógrafo se enfrenta, y de la que tiene un dominio parcial; y por otro lado, la interpretación que se hace de las informaciones, condicionadas éstas por las barreras mencionadas. Si ya resulta de dificultad manifiesta el proceso de comprensión de decodificación de la etnografía, que trata de ser objetiva, pero se topa con las impresiones previas que tiene el etnógrafo, la traducción de por sí es un elemento añadido a los límites de la etnografía. En nuestro caso en particular, el inglés se tornó en el vehículo principal de comunicación. En algunos contextos, una colaboradora tradujo informaciones al castellano, pero no se trató de la pauta general. Se ha de tener en cuenta que la lengua de la educación obligatoria en Kenia es el inglés. Pero la competencia lingüística resulta, en general, limitada. Esta circunstancia cobra aún más relieve en las zonas rurales y entre las mujeres y niños.

Por otro lado, En este caso, la descripción de la alteridad que supone el verse involucrado en una comunidad en la que el observador no deja de ser un elemento extraño, se halló limitada por la brevedad de los periodos en los que se llevó a término la convivencia con la familia kamba de Mwuala (dos meses en cada uno de los periodos). No obstante, el acercamiento previo y el conocimiento de los miembros de la comunidad conllevaron una mayor fluidez en la segunda y tercera de las campañas. Así, se logró una recogida de datos muy nutrida que partió de la buena disposición de todos los participantes. Por otro lado, se logró conocer personas de otros grupos étnicos del país así como akamba que viven fuera de la denominada *Akambani*, eso es, la *tierra de los kamba*. Conocer a los kamba que habitan en grandes ciudades como Nairobi o Kisumu ofrece una perspectiva que reviste un gran interés.

En relación a los objetivos que nos planteábamos al principio del trabajo, sintetizaremos los aspectos que consideramos más relevantes.

- Partíamos del objetivo general de analizar modos de vida y relación de los kamba de Mwuala, en Kenia. A partir de ahí, tratábamos de acercarnos a una compresión, con todas las limitaciones del caso, a los principios culturales y rasgos étnicos de los kamba de esta zona rural de Machakos. Tras los tres periodos de permanencia con la misma comunidad, se han podido observar aspectos de interés que se han potenciado y perfilado con el mayor contacto, confianza y cercanía. De ahí que, a partir de la segunda de las estancias, se percibió una mayor naturalidad y menos ocultación en algunas costumbres que los kamba percibían que podrían impactar al visitante. Elementos e impresiones que se habían podido tener a priori o que había obtenido de la escasa literatura científica publicada, fueron ratificados o, en su caso, matizados. En el caso específico que nos ocupa, se percibió un gran arraigo a lo que los kamba denominan *tradición* y las costumbres cotidianas. Igualmente, se pudieron constatar las implicaciones que tiene en el seno de la comunidad kamba del momento actual las relaciones de parentesco. Para ello, la participación de ritos diarios, costumbres básicas (que van desde el uso absoluto de la lengua a las costumbres de higiene y de compartir mesa) supone una respuesta positiva a las expectativas que tienen los parientes con respecto al sujeto. Este hecho se consideraaún de más valor con respecto a los parientes que viven en las grandes ciudades y regresan al hogar por cortos periodos.

- En referencia al segundo de los objetivos generales, que se funda en el análisis de larelación entre los nombres dados al nacer y el sistema de parentesco, podemos afirmar que ha resultado el objetivo más complejo en su ejecución por la dificultad de decodificación de muchos elementos culturales. No obstante, no se puede dejar de lado el profundo aprendizaje obtenido a propósito de este conjunto de observaciones. Una de las principales cuestiones que nos planteamos al principio del trabajo etnográfico era la relacionada con la relevancia que tiene el nombre a la hora de establecer lazos de parentesco. En este sentido, llama la atención, como hemos ido describiendo a lo largo de este trabajo, que los nombres dados al nacer síse constituyen en un rasgo identitario de gran calado. En primer lugar, por ser nombres en kikamba; en segundo lugar, por estar ligado a circunstancias queacontecen en el mismo momento del nacimiento. Una especie de condicionantes parecen desatarse de esa circunstancia. Éstos acompañarán a la persona durante toda su vida. O al menos, esto es lo que cree la comunidad. En cualquier caso, en relación a este objetivo, podemos concluir, además de lo subrayado, los siguientes aspectos:
- Los nombres otorgados se hallan vinculados a lo cotidiano. En sí mismo, desprovistos del contenido que se pretenda dar al sujeto que lo recibe, no se trata de nombres únicos, exclusivos o extraordinarios. Precisamente, ese carácter trascendental de la

cualidad ordinaria del nombre se funda en que cada acontecimiento de la vida tiene un sentido para los kamba, pues pueden leerse los signos del presente y del destino en ellos.

- A pesar del sistema patrilineal que caracteriza a los kamba, la mujer tiene una serie de funciones que resultan irremplazables enreferencia a los procesos de enculturación. Esto es común a muchas comunidades étnicas, como bien sabemos. Lo excepcional, en este caso, es que el padre no interviene directamente en la decisión del nombre del recién nacido. Es una opción que toma directamente la madre (mwaitu), con el apoyo de alguna otra pariente cercana o de la mujer que la asiste en el parto.
- La patrilinealidad se traduciría en términos económicos y legales: trasmisión de nombre familiar, pertenencia directa al clan, percepción de herencias o representación de la familia. No obstante, como se ha señalado, al ser la madre quien decide y otorga el nombre, se establece un vínculo de carácter espiritual muy intenso entre hijo o hija y progenitora. Éste, según lo observado y obtenido de las entrevistas, se mantiene a lo largo de toda la vida. De hecho, durante los periodos de estancia, las madres reclamaron a sus hijos (en la presencia o en la distancia) aspectos de índole religiosa o carácter moral, con una autoridad sorprendente.
- El sistema patrilineal, a pesar de lo que hemos descrito, es indiscutible. Este caso, tal y como hemos

narrado en capítulos anteriores, se da incluso en las madres que quedan viudas y deben ponerse el frente de las familias. Las mujeres toman el rol de sus esposos y se convierten en la cabeza de familia, la representación de ésta y la ejecutora de las decisiones más relevantes. Como señalábamos, se trataría de una versión menos *radicalizada* de lo que se observa entre los Lovedu, quienes asumen hasta el papel de marido de las demás esposas que tenía el cónyuge fallecido. No obstante, incluso los títulos de propiedad y las deudas pasan a manosde la viuda en el caso de los kamba. El resto de la comunidad se dirige a ésta para la consulta, toma de decisiones compartidas o quejas.

- En este entramado de relaciones de parentesco condicionadas por los nombres dados la nacer, se observaron dos sujetos varones jóvenes que carecían de nombre tradicional. Esto es, tras el nombre cristiano sólo aparecía el apellido. Al tratar de informarnos sobre esta cuestión, se nos comunicó que había sido una decisión de mwaitu, porque se intuía que iba a tener un papel relevante dentro del clan, por la posición de nacimiento, el lugar que ocupa dentro de los descendientes en relación a los abuelos y otras circunstancias que nofueron del todo aclaradas. No obstante, se trató de un hecho puntual y excepcional que puede abrir otra vía de observación e investigación.

Si tenemos en cuenta los objetivos específicos del trabajo de campo, se ha de indicar, en relación con los objetivos generales, que se han observado los modelos de parentesco que se establecen entre los miembros de una familia, un clan y la tribu en términos más genéricos. Se ha comprobado que el clan se constituye en referente por otorgar sentido de identidad étnica, con todo lo conflictivo que pueda considerarse este término. El sentido de pertenencia se constituye en relación al clan. De igual forma, se comprobó una jerarquía clánica considerable. El factor económico se vinculó a una mayor importancia de los descendientes de un clan, en relación a otros. Los factores que se adujeron fueron muy diversos: desde una mayor vinculación al núcleo originario del que descienden los miembros del clan; hasta una bonanza económica derivada de la presunta rectitud ética, compensada por la divinidad.

Se da una hibridación manifiesta en todo ese conjunto de principios que constituyen lo que los kamba denominan como su cultura tradicional. Muchos de esos aspectos, se comparten con la mayoría de pueblos o tribus que habitan el país en la actualidad. No obstante, se evidencia una autopercepción de comunidad que parece haberse incrementado con el transcurrir de las décadas. El incremento de la identidad étnica ha conllevado distintos mecanismos de reacción, que incluyen desde la conflictividad con otras comunidades hasta el recurrir a prácticas ancestrales que ya parecían (o al menos, se presumían por parte de los entrevistados) anacrónicos. Así, durante estos periodos de convivencia se pudieron observar desde maldiciones ligadas a la comunidad por algún conflicto inter e intra familiar; recurrencia a consultar a los ancianos del clan, como verdaderos oráculos en momentos de crisis; así como rituales que, al parecer, la gente de mediana edad ni siquiera conocía. Tras preguntar sobre la frecuencia de estos comportamientos o prácticas, se indicó que eran infrecuentes y desconocidos por parte de la mayoría. La única excepción llegó de la mano de las maldiciones, en las que los kamba se muestran como verdaderos conocedores y dominadores de las artes milenarias que las caracterizan. En cualquier caso, no puede olvidarse el peso de los estereotipos enlas relaciones interétnicas.

En referencia a los objetivos metodológicos específicos, teniendo en consideración la validez del documento etnográfico y de la investigación cualitativa en sí misma, tenemosque destacar que la etnografía, con todas sus posibles limitaciones, conlleva un enfoque que ofrece una perspectiva única. En un contexto en el que la comunidad científica parece decantarse por diseños cuasi-experimentales en los diferentes ámbitos de las cienciassociales, el trabajo cualitativo pone en relieve aspectos que difícilmente podrían obtenerse por otros medios. De ahí la reivindicación de las metodologías que se distancien, al menos de manera parcial, de los cánones cuantitativos para recuperar el valor de la observación sistemática, el trabajo de campo y la observación participante. En nuestro caso, hemos empleado distintas técnicas para llevar a cabo nuestra investigación. Todas ellas han estadoinscritas en los márgenes del trabajo de campo. La entrevista abierta semiestructurada, los grupos focales (*focus group*), las grabaciones y los diarios de campo han estado al servicio de la observación y la participación. A pesar de la dificultad de transcribir los datos, traducirlos en un nivel que sea comprensible e interpretarlos de manera precisa, la experiencia de trabajo de campo continúa siendo la herramienta básica para el estudio de comunidades étnicas en su proceso de desarrollo tanto anacrónico como diacrónico. Los instrumentos cualitativos exhiben elementos, características y datos que no podrían ser obtenidos de otra manera. Frente a las críticas que experimentó la etnografía en décadas pasadas, y que la redujo, por parte de un sector de la comunidad científica, a descripción o género literario, hoy día se hace más preciso que nunca abordar enfoques, modelos y herramientas que pongan en relieve la trascendencia del método etnográfico y el alcance delos resultados obtenidos.

La tradición sigue presente entre los kamba de Mwuala. El carácter rural de la población y el aislamiento en el que viven las comunidades contribuyen a la perseverancia en las costumbres y formas de vida. Este hecho no se percibe de igual forma entre los kamba entrevistados que viven en Nairobi, que relativizan parte de esas tradiciones y creencias. No obstante, continúan considerando el kikamba como su lengua materna y empleándolo a nivel familiar y comunitario.

La convivencia con los kamba de Mwuala-Mbuini se han podido extraer una serie de modos de relacionarse inter e intra-parentesco que imponen unas expectativas comunitarias a las que el grupo espera que la persona responda de manera positiva.

Como limitaciones, debemos indicar que la lengua se constituye a menudo en una barrera para la construcción de una etnografía en un contexto distante del propio. Ésta es, en sí, la primera de las limitaciones a las que me he podido enfrentar en el proceso. Aunque no resta interés a las observaciones, se convierte en un freno a los posibles aprendizajes. Como indicamos con anterioridad, y siguiendo a Cruces (2003), traducir requiere de un ejercicio de interpretación muy preciso en el que se puede perder, omitir o transformar parte de los contenidos. De igual forma, la traducción no se ciñe en exclusivo al paso de una lengua a otra; también refiere procesos de decodificación de datos y redactar los resultados. Las limitaciones, en este sentido, pueden ser agudas, por lo que nos hacemos eco de esta dificultad en el presente trabajo de investigación.

Por otro lado, y en referencia a la temporalización, se han de destacar dos elementos. En primer lugar, se halla una limitación en el tiempo de convivencia, que se limitado a un total de seis meses, repartidos en tres periodos, separados por un año de diferencia. En segundo lugar, debido a los condicionantes de la crisis pandémica de la Covid-19, ha transcurrido un tiempo dilatado entre el último periodo de estancia y la redacción de la etnografía. Estos dos aspectos reducen el resultado final.

Si tenemos en cuenta otras publicaciones de interés, deberemos destacar que se hallaron pocos artículos científicos que se refirieran exclusivamente a los kamba. Las publicaciones que se encontraron se referían a áreas de medicina y educación, pero raramente, en los campos de la antropología y la historia. En los escasos artículos encontrados, la limitación se halló en la antigüedad de las publicaciones, sobre todo, de la década de los setenta y ochenta. Las mismas comunidades kamba y las relaciones interétnicas han experimentado distintos acontecimientos que han podido influir en el desarrollo diacrónico de las diferentes comunidades étnicas, incluidas las que han sido objeto de análisis. Se abre así un campo de análisis de gran amplitud, interés y posibilidades.

Referencias bibliográficas

Abrahams, R. G. (2017). *The Peoples of Greater Unyamwezi, Tanzania (nyamwezi, Sukuma, Sumbwa, Kimbu, Konongo): East Central Africa*. Routledge.

Acocella, I., & Cataldi, S. (2020). *Using focus groups: Theory, methodology,practice*. Sage.

Alvarez, G. O. (2011). Pós-dradiviano Sateré-Mawé: parentesco y rituales deafinabiliadad. *Vibrant: Virtual Brazilian Anthropology, 8(2),* 375-402.

Anderson, M. R. (2014). A New Paradigm for Spirit Possession. *Leaven, 22(3),* 1-

12.

Bailey, J. A. (2005). *Echoes of Ancient African Values*. Author House.

Back, L., & Solomos, J. (2013). *Theories of race and racism: A reader*. Routledge. Bale, J., & Sang, J. (2013). *Kenyan running: movement culture, geography and global change*. Routledge.

Banton, M. (2019). *The idea of race*. Routledge.

Baumann, G. (1996). *Contesting culture: Discourses of identity in multi-ethnic London (Vol. 100).* Cambridge University Press.

Baumann, G. (2002). *The multicultural riddle: Rethinking national, ethnic and religious identities.* Routledge.

Berman, B., Eyoh, D., & Kymlicka, W. (Eds.). (2004). *Ethnicity and democracy in Africa.* Ohio University Press.

Bwisa, H. M., & Ndolo, J. M. (2011). Culture as a factor in entrepreneurship development: A case study of the Kamba culture of Kenya. *International Journal of Business Management, 1(1),* 20-29.

Cadigan, R. J. (1998). Africa (Special Issue: Comparative Perspectives on Black Family Life, vol. *Journal of Comparative Family Studies, 29(1),* 10.

Cañedo, M. (1999). Cultura e identidad desde la óptica antropológica: una revisión teórica. *Thémata, 23,* 181-184.

Carrier, J. M., & Murray, S. O. (1998). Woman-woman marriage in Africa. *Murrayand Roscoe, 254*, 66.

Carrillo, A. T. (2013). El retorno a la comunidad. Problemas, debates y desafíos de vivir juntos. *Editores: Cinde El Búho. Carrera, 15*, 54-32.

Cea D'Ancona, Mª,Á. (2001). *Metodología Cuantitativa: Estrategias y técnicas de investigación social.* Madrid: Síntesis Sociológica.

Celigueta, G., Orobitg G., y Pitarch, P. (Coord.) (2014). *Aprender ciudadanía en Guatemala. Modernidad indígena,'indigeneidad'e innovación social desde la perspectiva del género*. Barcelona: UBe.

Chimakonam, J. O., & Du Toit, L. (Eds.). (2018). *African philosophy and the epistemic marginalization of women.* London: Routledge.

Clifford, J. (1986). Introduction: Partial Truths. En James Clifford y George E. Marcus, eds., *Writing Culture. The Poetics and Politics of Ethnography*. University of California, Berkeley.

Coe, R., Waring, M., Hedges, L. V., & Ashley, L. D. (Eds.). (2021*). Research methods and methodologies in education.* Sage.

Cruces Villalobos, F. (1994). Los límites de la traducibilidad: variaciones sobre un tema de Laura Bohannan. En: A. Rosa y J. Valsiner (eds).*Explorations in socio-cultural studies, Vol.1. Historical and Theoretical discourse. Madrid: Infancia y Aprendizaje,* 1994,ISBN 84-88926-01-4, pags. 39-47

Cruces Villalobos, F. (2003). Etnografías sin final feliz: sobre las condiciones de posibilidad del trabajo de campo urbano en contextos globalizados. *Revista de dialectología y tradiciones populares, 58(2)*, 161-178.

Dearth, M. H. (2010). Defending the" indefensible": Replacing ethnocentrism with a Native American cultural defense. *Am. Indian L. Rev., 35*, 621.

Devalle Bustamante, S. B. (1999). Etnicidad e identidad. *Estudios de Asia y África, XXXIV, 1*, 33-50.

Díaz-Andreu, M., Lucy, S., Babic, S., & Edwards, D. N. (2005). *Archaeology of Identity.* Taylor & Francis.

Díaz Delgado Raitala, D. (2015). *Bridewealth: an ethnographic study on the narratives and descriptions of the practice of bridewealth establishing its purposes, effects and consequences among the Luo, Giguyu, Kalenjin, Meru, Kamba, Maasai, Kisii and Luhya ethnic groups in Kenya.* University of Jyväskylä

Díaz de Rada, Á., (1996). *Los primeros de la clase y los últimos románticos.* Madrid: Siglo XXI.

Díaz de Rada, Á. (2003). Las formas del holismo. La construcción teórica de la totalidad en etnografía. *Revista de dialectología y tradiciones populares, 58(1),* 237-262.

Díaz de Rada, Á. (2008) ¿Dónde está la frontera? Prejuicios de campo y problemasde escala en la estructuración étnica en Sápmi. *Revista de dialectología y tradiciones populares, 63(1),* 187-235

Du Toit, B. M. (1980). Religion, ritual, and healing among urban black SouthAfricans. *Urban Anthropology, 3, 21-*49

Du Toit, B. M. (1998). *The Boers in East Africa: ethnicity and identity*. GreenwoodPublishing Group.

DuToit, B. M., & Safa, H. I. (Eds.). (2011). *Migration and urbanization: modelsand adaptive strategies*. Walter de Gruyter.

Du Toit, B. M. (Ed.). (2019). *Ethnicity in modern Africa*. Routledge

Fabian, J. (2002). Time and the Emerging Other, en J. Fabian, J. (2002). *Time and the Other. How Anthropology Makes Its Object*. Nueva York. Columbia University Press

Fouts, H. N., Bader, L. R., Neitzel, C. L., & Salinas, D. A. (2021). Ethnicity as a predictor of gender segregation among young children in an informal urban settlement in Kenya. *Social Development, 30(3),* 713-729.

Geertz, C. (2003). *La interpretación de las culturas* (Vol. 1). Barcelona: Gedisa.

Gené, E. P. (2009). La impronta de Claude Lévi-Strauss en la antropología del parentesco. *El Genio Maligno: revista de humanidades y ciencias sociales, (4),* 2.

Giménez, G. (2006). El debate contemporáneo en torno al concepto de etnicidad. *Cultura y representaciones sociales, 1(1),* 129-144.

Giménez, G. (2009). Cultura, identidad y memoria: Materiales para una sociología de los procesos culturales en las franjas fronterizas. *Frontera norte, 21(41),* 7-32.

Gitari, M. D. (2009). *Concepts of God in the traditional faith of the Meru people of Kenya* (Doctoral dissertation).

Gómez García, P. (2011). El parentesco como sistema en la interfaz bio-cultural. *Gazeta de antropología, 27(2).*

González, C. H. C. (2008). ¿Clanes territoriales o clanes dispersos? algunasconsideraciones generales sobre la estructura social Wayúu. *Jangwa Pana, 7(1),* 58.

Grimson, A. (2008). Diversidad y cultura. Reificación y situacionalidad. *Tabularasa, (8),* 45-67.

Guest, G., Namey, E., & McKenna, K. (2017). How many focus groups are enough? Building an evidence base for nonprobability sample sizes. *Field methods, 29(1),*3-22.

Gumo, S., Akuloba, A., & Omare, S. G. (2012). Religion and politics in thecontemporary Kenya. *European Scientific Journal, 8(18).*

Kyalo, M. P. (2011). Family values and rituals in changing cultural context: Analysis on traditional Akamba marriage and its implications for Christian marriage. *International Review of Social Sciences and Humanities (1)*, 73-89.

Kigamwa, J. (2017). So Many Languages to Choose from: Heritage Languages and the African Diaspora. *Handbook of Research and Practice in Heritage Language Education, 1 (1)*, 1-12.

Kioko, A. N. (1995). The Kikamba Multiple Applicative: a problem for the lexicalfunctional grammar analysis. *South African Journal of African Languages, 15(4),* 210-216.

Kitetu, C. W., & Kioko, A. N. (2013). Issues of language and gender in iwetomarriage as practised by the Kamba in Kenya. **Atanga, LL et al.(eds)**, 29-52.

Kłosowicz, R. (2020). Identity, Ethnic Conflict and Communal Conflict in Sub-Saharan Africa. *Politeja, (68),* 171-190.

Krijtenburg, F. (2017). *The sociality of debt: a case study of Kamba (Kenya)conceptualisations of borrowing and lending.* Palgrave Macmillan, Cham.

Hinde, H. (2014). *Vocabularies of the Kamba and Giguyu languages of East Africa.* Cambridge University Press.Hobley, C. W. (1971). *Ethnology of A-Kamba and other East African tribes* (Vol. 96). Routledge.

Hobley, C. W. (2021). *Bantu beliefs and Magic: With particular reference to the Kikuyu and Kamba tribes of Kenya colony together with some reflections on East Africa after the war.* Routledge.

Ibelema, M. (2014). “Tribal fixation” and Africa’s otherness: Changes and resilience in news coverage. *Journalism & Communication Monographs, 16(3),* 162-217.

Jacobsen, K., & Bowman, S. A. (2019). " Don't Even Talk to Me if You're Kinya'áanii [Towering House]": Adopted Clans, Kinship, and" Blood" in Navajo Country. *Native American and Indigenous Studies, 6(1),* 43-76.

Jones, S. (2002). *The archaeology of ethnicity: constructing identities in the past and present.* Routledge.

Lambert, H. E. (2018). *Kikuyu: Social and Political Institutions*. Routledge. Langmia, K. (2016). Traditional African and Western Modern Cultures. En Langmia (2016). *Globalization and Cyberculture*. Palgrave Macmillan, Cham.

Lipski, J. (2008). Afro-Paraguayan Spanish: The negation of non-existence. *Journal of Pan-African Studies, 2(7),* 2-32.

Lentz, C. (2000). La construcción de la alteridad cultural como respuesta a la discriminación étnica. Caso de estudio en la Sierra ecuatoriana. En Guerrero, A. (2004). *Etnicidades.* Flacso-Ecuador, Quito. LeVine, R. A. (1973). Patterns of personality in Africa. *Ethos, 1(2),* 123-152.

Le Vine, R. A., & Norman, K. (2001). Attachment reexamined in anthropological. *The psychology of cultural experience, 12*, 83-98. López, L. Á. (2013). 200 años de herencia lingüística afrolatina: descendientes de Ansina y otros soldados de Artigas en el Paraguay. *Moderna språk, 107(1),* 1-10.

Luongo, K. (2019). The kamba peoples of Kenya-Ethnicity and Empire in Kenya: Loyalty and Martial Race Among the Kamba, c. 1800 to the Present. *The Journal of African History, 60(3),* 481-483.

MacArthur, J. (2016). *Cartography and the Political Imagination: mapping community in colonial Kenya.* Ohio University Press.

Martínez, J. A. (2008). *Introducción histórica a la antropología del parentesco*. Editorial Universitaria Ramón Areces.

Maxon, R. M. (2018). Cartography and the Political Imagination: Mapping Community in Colonial Kenya. *The Historian, 80(1),* 89-91.

Mercado Maldonado, A., & Hernández Oliva, A. V. (2010). El proceso de construcción de la identidad colectiva. *Convergencia*, *17(53),* 229-251.

Mbiti, J. (1974). Elements of Akamba Life. By Ndeti Kivuto. Nairobi: East African Publishing House, 1972. Pp. xii+ 236, maps, Sh. 42.00 ($6). *Africa*, *44*(4), 429-429.

Michieka, M. M., & Ondari, H. K. (2017). A comparative analysis of the sociolinguistic profiles of English in Kenya and Uganda. *Journal of Language, Technology& Entrepreneurship in Africa, 8(2),* 12-25.

Middleton, J., & Kershaw, G. (2017). *The Giguyu and Kamba of Kenya: East Central Africa*. Routledge

Miller, A. N., Golding, L., Ngula, K. W., Wambua, M., Mutua, E., Kitizo, M. N., ...& Rubin, D. L. (2009). Couples' communication on sexual and relational issues among the Akamba in Kenya. *African Journal of AIDS Research, 8(1),* 51-60.

Moghadam, V. M. (2004). Patriarchy in transition: Women and the changing familyin the Middle East. *Journal of Comparative Family Studies, 17,* 137-162.

Mohajan, H. K. (2018). Qualitative research methodology in social sciences and related subjects. *Journal of Economic Development, Environment and People, 7(1)*, 23-48.

Molano, L., & Lucía, O. (2007). Identidad cultural un concepto que evoluciona. *Revista Opera, (7).*

Molina, R. S., Tomé, P., & Valencia, M. Á. (2009). Nuevos tiempos, nuevas familias: Aproximaciones etnográficas en el estudio de configuraciones familiares contemporáneas. *Revista Latinoamericana De Estudios De La Familia, 1,* 22-27

Mortimore, M., & Tiffen, M. (1995). Population and environment in time perspective: the Machakos story. *People and environment in Africa, 12*, 69-89.

Muthuki, J. (2006). Challenging patriarchal structures: Wangari Maathai and the green belt movement in Kenya. *Agenda, 20(69),* 83-91.

Muthiani, J. (1984). Akamba surnames. *Kenya Past and Present, 16(1)*, 33-37. Mwakikagile, G. (2014). *The People of Kenya and Uganda*. New Africa Press. Mwaniki, M. (2017). Language management and devolved governance in Kenya. *South African Journal of African Languages, 37(2),* 211-223.

Ogechi, N. O. (2019). Ethnicity, language, and identity in Kenya. Modern Africa: *Politics, History and Society, 7(1),* 111-135.

Okia, O. (2015). Myles Osborne. 2015. Ethnicity and Empire in Kenya: Loyalty and Martial Race among the Kamba, c. 1800 to Present. *African Studies Quarterly, 16(1),* 127-130.

Osborne, M. (2014). *Ethnicity and Empire in Kenya: Loyalty and Martial Race among the Kamba, c. 1800 to the Present*. Cambridge University Press.

Owuor, B. O., & Kisangau, D. P. (2006). Kenyan medicinal plants used as antivenin: a comparison of plant usage. *Journal of ethnobiology and ethnomedicine, 2(1),* 1-8.

Pina, M. B. (2000). *La construcción de la identidad en contextos multiculturales* (Vol. 149). Ministerio de Educación.Plank, C., Dixon, H., & Ward, G. (2014). Student voices about the role feedbackplays in the enhancement of their learning. *Australian Journal of Teacher Education (Online), 39(9)*, 98-110.

Posner, D. N. (2004). Measuring ethnic fractionalization in Africa. *American journal of political science, 48(4),* 849-863.

Radcliffe-Brown, A. R., & Forde, D. (1982). *Sistemas africanos de parentesco y matrimonio*. Oxford University Press.

Ranger, T. (1993). The invention of tradition revisited: the case of colonial Africa. In *Legitimacy and the State in Twentieth-century Africa*. Palgrave Macmillan, London.

Revilla, J. C. (2003). Los anclajes de la identidad personal. *Athenea Digital. Revista de pensamiento e investigación social*, (4).

Roberts-Kohno, R. R. (2000). *Kikamba phonology and morphology* (Doctoral dissertation, The Ohio State University).

Robertson, C. C. (1997). Gender and trade relations in central Kenya in the late Nineteenth century. *The International journal of African historical studies, 30(1),* 23-47.

Robinson, A. L. (2014). National versus ethnic identification in Africa: Modernization, colonial legacy, and the origins of territorial nationalism. *World Politics, 66(4),* 709-746.

Rocca, C. A. (2010). La etnicidad y sus usos. Reflexiones acerca de la difusión dela etnicidad. *e-Cadernos CES, (07).*

Rockel, S. J. (2000). 'A nation of porters': The Nyamwezi and the labour market in nineteenth-century Tanzania. *The Journal of African History*, *41*(2), 173-195.

Rose, P. I. (2020). *They and we: Racial and ethnic relations in the United States*. Routledge.

Ruiz, M. L. P. (2007). El problemático carácter de lo étnico. *CUHSO· Cultura- Hombre-Sociedad*, *13*(1), 35-55.

Salinas, D. A., Fouts, H. N., Neitzel, C. L., & Bates-Fredi, D. R. (2019). Young children's social networks in an informal urban settlement in Kenya: examining network characteristics among Kamba, Giguyu, Luo, and Maasai children. *Journal of Cross- Cultural Psychology, 50(5),* 639-658.

Simpson, G. E., & Yinger, J. M. (2013). *Racial and cultural minorities: An analysis of prejudice and discrimination.* Springer Science & Business Media.

Simson, R. (2019). Ethnic (in) equality in the public services of Kenya and Uganda. *African Affairs, 118(470),* 75-100.

Smith, A. D. (2000). *The nation in history: historiographical debates about ethnicity and nationalism.* UPNE.

Terrén, E. (2002). La etnicidad y sus formas: aproximación a un modelo complejo de la pertenencia étnica. *Papers: revista de sociologia, (66),* 45-57.

Tóth, N. (2020). Possible conceptualization of culture and cultural difference in sociological profile researches. *Különleges Bánásmód-Interdiszciplináris folyóirat, 6(4),* 91-100.

Ulbrich, D. J., & Bielakowski, A. M. (2018). *Race and Ethnicity. In The Routledge History of Global War and Society*. Routledge.

Verhelst, T. (1994). Las funciones sociales de la cultura. *Revista Leader,8,* 10-11.

Waila, B. N. (2012). *The challenges of Akamba single mothers in reference to parenting the boy child in the light of christian complementary feminism: a case study of Mwala District in Machakos County* (Doctoral dissertation, University of Nairobi, Kenya).

Waller, R. (2013). *Ethnicity and identity*. The Oxford handbook of modern African history, (55), 94.

Wamue-Ngare, G. N., & Njoroge, W. N. (2011). Gender paradigm shift within the family structure in Kiambu, Kenya. *African Journal of Social Sciences,3,* 10-20.

Weber, Max. (1988). *El político y el científico.* Buenos Aires: Alianza

Weber, Max. (2012). *Economía y sociedad*. México: Fondo de Cultura Económica Wijeyewardene, G. (1990). Definition, Innovation and History. En: Wijeyewardene, Gehan (ed.). *Ethnic Groups Across National Boundaries in Mainland Southeast Asia*. Singapore: Institute of Southeast Asian Studies: 1-13.

Woode, E. W. B. (2002). *Alterity and hybridity in Anglophone postcolonial literature: Ngugi, Achebe, p'Bitek and Nwapa (Ngugi wa Thiong'o, Kenya, Chinua Achebe, Nigeria, Okot p'Bitek, Uganda, Flora Nwapa).* Oklahoma University.

Yinger, J. M. (1994). *Ethnicity: Source of strength? Source of conflict?.* Suny Press

Impresión y editorial: BoD – Books on Demand
info@bod.com.es - www.bod.com.es
Impreso en Alemania – Printed in Germany
ISBN: 9788413733791